项目资助：

国家社会科学基金——关于退休年龄问题的调查研究

（13CRK001）

中国延迟退休
政策研究

陈鹏军　著

Research on the Policy of
Postponing Retirement in China

社会科学文献出版社
SOCIAL SCIENCES ACADEMIC PRESS (CHINA)

摘　要

中国是世界上人口最多的国家，也是世界上人口老龄化最严重的国家之一。近年来，人口老龄化加速发展、社会养老保障压力逐年递增、劳动人口供应不足、社会代际矛盾日益突出等因素交织在一起，对经济发展产生了极大影响，甚至在一定程度上威胁社会稳定。此外，中国的退休年龄政策60多年来始终没有实质性变革或调整，已然滞后于社会经济发展。虽然，目前人口老龄化所衍生出来的各种社会及经济问题尚未达到不可调和的境地，然而，我们需清醒地认识到人口年龄结构变动对社会经济系统各项平衡的潜在威胁。因此，研究中国延迟退休政策正当其时。

本书的研究目标是设计一个符合中国社会经济实际运行状况的延迟退休方案。全书的研究内容分为三篇：上篇探索中国延迟退休改革的政策取向，内容包括中国退休年龄政策的现状及问题、职工对退休年龄问题及延迟退休政策的认知，以及延迟退休改革的现实基础及理论依据；中篇研究中国延迟退休改革的经济效应，内容包括延迟退休对基本养老保险制度破产边界及偿付能力的影响、延迟退休对代际负担公平性的影响，以及延迟退休对青年就业的影响；下篇是本书研究的重点，即中国延迟退休改革的路径设计，内容包括退休年龄改革的国际现状与经验、职工延迟退休决策的影响因素分析，以及中国延迟退休改革的路径设计。

本书的学术及应用价值主要体现在三个方面：第一，将非寿险精算理论中有关破产时刻的概念及相关方法引入基本养老保险制度财务平衡的测算中，并且在代际负担公平性研究中，提出"代际负担率"的概念及测算方法，在一定程度上丰富了中国社会保障研究的方法论；第二，消除了中国延迟退休改革的一些政策顾虑，包括延迟退休是否真能缓解基本养老保险基金的支付压力、延迟退休是否会对青年人就业产生消极影响、广大职工支持抑或反对延迟退休政策等；第三，设计了一个适合中国基本国情的延迟退休方案，即一个与中国社会经济发展及人口老龄化趋势相适应的、渐进的、与工作年限相关联、与激励和惩罚机制相容的弹性退休年龄制度，这对于当前正处于政策研究与制定阶段的延迟退休改革无疑具有重大的实践意义。

目　录

上篇　政策取向

中篇　经济效应

下篇 路径设计

图目录

表目录

绪　论

一　研究背景与研究意义

（一）选题背景与问题的提出

退休制度改革是当前世界各国为应对人口老龄化而普遍进行的一项重大制度变革。所谓人口老龄化，从概念角度看，描述的是这样一种社会状态：人口出生率下降，平均寿命延长，总人口中年轻人的比例下降，老年人的比例上升。国际上通常用两个指标来度量一个国家或地区人口老龄化程度，即一个国家或地区总人口中60岁及以上人口比重，以及65岁及以上人口比重，若前者超过10%或后者超过7%就说明这一国家或地区已经进入老龄化社会。中国是世界上人口最多的国家，也是世界上人口老龄化最严重的国家之一，根据国家统计局发布的《中华人民共和国2018年国民经济和社会发展统计公报》，中国60岁及以上人口比重为17.9%，65岁及以上人口比重达到11.9%，远高于两项指标的国际评定标准。此外，我们考察近十年人口老龄化两项指标的变化趋势可以发现，中国目前正处于快速老龄化阶段，未来人口老龄化形势将更加严峻。

人口老龄化对社会经济的发展将产生诸多影响，甚至是冲击，这也是世界各国不惜代价也要妥善应对这一趋势的原因。养老保障是与人口老龄化相关的最直接的问题，因此，人口老龄化的加剧首先带来的是家庭和社会的养老压力。在很长一段时间里，中国以

"家庭养老"为主,"养儿防老"的传统观念较为广泛,然而,随着经济发展,工业化、城镇化逐步推进,社会分工越来越细,社会竞争也愈加激烈,家庭功能逐步弱化,加上长期以来特殊的人口政策,家庭养老功能受到前所未有的挑战,家庭养老逐步被社会养老所取代。在人口老龄化程度不高的时期,社会养老确实发挥了积极的作用,减轻了家庭养老的压力,极大地激发了劳动者的积极性。但是,人口老龄化进一步加剧,寿命延长,加之退休年龄政策60多年来没有实质性变革,法定退休年龄偏低,社会养老保险缴费年限偏短、缴费率偏高等问题使现行退休制度逐步与社会经济发展不相协调,社会养老系统的财务压力越来越大,矛盾日益突出。人口老龄化给社会经济带来的另一个影响是随着劳动力供给增速的减缓,劳动人口的抚养负担逐步加重,代际矛盾日益突出。根据2009~2018年《中华人民共和国国民经济和社会发展统计公报》相关数据推算,2009~2018年,60岁及以上老年人口数和16~59岁劳动年龄人口数的比值,即老年抚养比,逐年升高,从2009年的0.182升至2018年的0.278,如果把2018年的老年抚养比与少年抚养比(0.277)相加,则2018年劳动人口的总抚养比高达0.555,就全社会而言,这相当于两个劳动人口抚养一个非劳动人口[①]。

人口老龄化加速发展、社会养老保障压力逐年递增、劳动人口供应不足、社会代际矛盾日益突出等因素交织在一起,对社会经济发展产生极大影响,甚至在一定程度上威胁社会稳定。于是,社会各界开始关注并思考退休制度,尤其是退休年龄政策存在的问题,理论界也开始思考和研究是否应提高法定退休年龄。2013年11月,党的十八届三中全会明确提出了"研究制定渐进式延迟退休年龄政策",首次将退休年龄问题提升到国家高度,此后对退休年龄问题的思考转向如何渐进性地延迟法定退休年龄。基于此背景,本书综合

---

① 中华人民共和国国家统计局网站,http://www.stats.gov.cn。

和政府三个方面分析职工违规提前退休的原因，并指出违规提前退休对养老保险制度和社会经济运行所产生的负面影响，其他学者则从中国社会保障制度的内在机制设计出发研究其对提前退休的引致效应，研究结果表明，现行基本养老保险制度背景下存在提前退休的收益激励机制（汪泽英、曾湘泉，2004；阳义南，2013），廖少宏（2012）基于中国综合社会调查数据论证了中国基本医疗保险制度对男性职工存在提前退休的激励作用。

最后是男女差龄退休问题，从国际上看，实行男女差龄退休和同龄退休的国家兼而有之，两种政策并无绝对的孰优孰劣，实行哪一种政策应结合本国的基本国情和社会传统。然而，对于这一问题，国内学者的研究似乎更倾向于主张男女平等，并从就业权的角度，主张应延迟女性退休年龄，认为实施差龄退休政策损害了女性的就业权，对女性职工来说是不公平的，也违反了宪法原则（李珍，1997；丁娟，2004；杜承铭、戴激涛，2009），杨宜勇、吴香雪（2017）指出，现行退休政策是阻碍女性发展的制度安排；关于女性退休年龄的问题，我们假设如果给予女性职工一定的自主选择空间，则必然有人会选择同龄退休，也有人会选择差龄退休，也就是说，对于这个问题，在女性职工中没有统一的意见，所以有学者主张应考虑女性职工的自主选择权，在制度设计上给予女性职工一定的选择空间（潘锦棠，2002）；当然对于是否应延迟女性退休年龄，也有学者持否定的观点，原新、万能（2006）通过研究男性和女性劳动参与率的差异，指出现阶段更为重要的是设法提高女性的劳动参与率，而非延迟她们的退休年龄。

2. 关于退休决策及其影响因素的研究

职工的退休决策是在综合考虑各种主客观因素后做出的退休时机选择，即选择按时退休、提前退休，抑或延迟退休，其中主观因素主要考虑职工的性别、年龄、学历、职称、健康状况等反映个人身份及特质的因素，客观因素主要考虑经济、政策、制度，及与工作相关的各种属性。对于这一问题，国内学者的研究主要集中在延迟退休的决策上，黄阳涛（2013）基于南京的数据，对职工延迟退休意愿影响因素进行实证分析，结论表明，主观因素中的学历和健康状况对延迟退休具有显著的正效应，而年龄和家庭条件则具有显著的负效应，客观因素中的职务、职称、工作满意度、岗位因素等与延迟退休改革呈正相关关系，而周工作时间与延迟退休改革呈负相关关系；李琴、彭浩然（2015）利用2011年中国健康与养老追踪调查数据进行实证研究，指出女性比男性、学历高的人比学历低的人、高级职称的人比初中级职称的人更倾向于延迟退休；廖楚晖、刘千亦（2015）对四川和重庆16家事业单位职工进行调研的实证结果亦表明，工龄、工作意愿、升职空间、主观最优退休年龄与延迟退休意愿呈正相关关系；瞿婷婷、易沛（2015）则论证了基本养老保险制度的替代率对职工退休选择的影响，结论表明，替代率的上升对女性职工延迟退休的引致效应更大。

3. 关于延迟退休的经济效应的研究

国内学者对延迟退休经济效应的研究主要集中在分析延迟退休对人力资源利用、养老基金和就业的影响三个方面。

首先，对于人力资源的影响，国内学者的研究结论较为一致，认为延迟退休能够促进人力资源充分利用，比如，马红玉、房国忠、徐铮（2016）从人力资源投资角度出发，认为现行退休年龄制度使劳动者过早地退出劳动岗位，导致人力资源浪费，应该延迟退休年龄，促进人力资源充分利用；魏蒙、孙裴佩、姜向群（2016）从老年人力资源利用角度出发，认为老年人有着丰富的经验及技术积累，人力资源应当得到充分重视和开发，而延迟退休正好可以达到这一效应。

其次，对于养老基金的影响，延迟退休是否可以缓解基本养老金体系的财务压力，是延迟退休决策者最为关注的问题，然而该问题在理论界没有一致的见解。邓大松、刘昌平（2001）运用精算方法构建中国基本养老金统筹账户缺口模型，结果表明，延迟退休确实能够缩小账户基金缺口，进而缓解养老基金的财务压力；康传坤（2012）对比提高缴费率和延迟退休，认为延迟退休是一个较好的政策选择，而且对于缓解养老基金失衡压力有较为明显的效果；张琴、郭艳（2015）从总量角度构建养老金收支模型，测算结果显示，无论是一次性延迟退休年龄，还是阶梯式延迟退休年龄，都能缓解养老基金的支付压力。一些学者对于延迟退休是否能够真正缓解养老基金的财务压力则持较为保守的观点，比如，曾益、任超然、刘倩（2013）通过构建精算模型，对不同的男女延迟退休方案进行模拟，指出延迟退休只能在一定时间内缓解养老基金的财务压力，随着时间的推移，基金财务问题还会重新出现；袁磊（2014）通过对72种假设下的三种延迟退休方案进行模拟指出，延迟退休只能延缓养老保险基金缺口出现的时间，不能从根本上解决养老金缺口问题；熊婧、粟芳（2017）通过对社会统筹部分进行模拟分析也得出相同的结论。另外，一些学者的否定观点更为明确，认为基本养老基金的财务平衡问题是多方面因素综合作用的结果，退休年龄只是其中的一个影响因素，延迟退休能够缓解养老基金负担的说法并不全面，或者说结果是不确定的（张熠，2011；余立人，2012）。

最后，对于就业的影响，国内学者的观点也存在分歧，部分学者认为延迟退休将对就业产生负面影响，尤其是对于青年人就业，比如，范琦、冯经纶（2015）通过对比 OECD 成员和中国延迟退休对青年人就业影响的差异，指出中国劳动力市场的实际情况与 OECD 成员存在较大差异，故与 OECD 成员不同，中国延迟退休对青年人就业的影响无论在绝对数还是相对数上都是不利的；刘阳、彭雪梅、王东明（2017）通过将理论和实证相结合，分析验证了延迟退休对青年人的就业挤出效应和产出效应，及两种效应的大小和作用机制；邹铁钉（2017）通过构建养老金缺口度量模型并结合1997~2015年数据进行模拟分析也得出了相同的结论。一些学者认为延迟退休不会对青年人的就业产生负面影响，即便存在，影响也是较小的，比如，刘妮娜、刘诚（2015）通过对中国29个省份18个行业数据的实证分析，得出延迟退休对青年人就业的负面影响较小的结论；戴卫东、李凯（2014）通过对安徽芜湖市的研究，表明延迟退休非但不会对就业产生负面影响，长期还将对就业产生促进作用；杨馥、郑丽（2017）采用家庭生产和家庭代际转移的迭代模型，研究家庭代际非财务向下转移时延迟退休对青年人就业的影响，研究结论表明，延迟退休在一定条件下可以促进青年人就业。

4. 关于延迟退休的路径选择的研究

延迟退休的路径在党的第十八届三中全会上已经明确提出，即"渐进式"，这也是世界各国延迟退休改革广泛采取的方式。所谓"渐进式"，即小步渐进，而小步中的步幅应设置为多大？目标退休年龄设置为多少？等等，这些问题都是延迟退休改革正式进行之前必须解答的。关于中国延迟退休的具体实施方案，此前已有多家科研机构和高校参与制定并提交人社部，其中，"清华方案"提出延迟领取养老金模式，即女性从2015年起每年延迟一岁领取养老金，男性从2020年起每年延迟半岁领取养老金，到2030年男女统一延迟到65岁开始领取养老金[①]；此后，中国社会科学院公布了"两步走方案"，即第一步，在2018年之前，将女工人和女干部退休年龄统一为55岁；第二步，从2018年起，女性每三年延迟一岁退休，男性每六年延迟一岁退休，到2045年，将男女退休年龄统一延迟到65

---

① 《清华方案：中国养老金顶层设计》，第一财经网站，http://www.yicai.com/news/2930987.html。

岁（蔡昉、张车伟，2015）。清华方案和中国社会科学院方案是提交至人社部方案中较具代表性的两套方案，此外还有许多学者的学术研究也提出了多套设计方案，比如，席恒、周明、翟绍果（2014）借鉴中国台湾地区的做法，提出以"标准退休年龄＋工作年限"为基础的差异化延迟退休方案；苏春红、李齐云（2014）在考虑劳动力异质性基础上提出建立渐进式和弹性退休相容的延迟退休方案；中国国际经济交流中心课题组和姜春力（2015）提出"先女后男，先自选，后强制，分步走"的方案。

除了关于渐进式延迟退休方式的研究外，国内也有不少学者指出，延迟退休改革应考虑职工的自主选择权，并在此基础上提出弹性退休方案，比如，郑春荣、刘慧倩（2011）在介绍美国弹性退休制度的基础上，结合中国部分省区市对弹性退休制度的探索，提出了弹性退休制度的具体构建思路；储丽琴（2011）基于对上海柔性退休制度实施效果的分析，提出了弹性退休制度的重构思路；林熙（2013）通过介绍发达国家弹性退休机制设计情况，结合中国特殊的制度背景，提出构建弹性退休制度的政策建议。汪浩（2016）则在精算分析基础上，提出了弹性退休的具体实施方略。

（二）国外研究现状

国外对退休制度改革的研究较为成熟，研究涉及面也较广，这里我们结合本书的研究内容，主要综述与退休年龄改革相关的研究，包括退休决策问题和延迟退休问题。

首先，关于退休决策问题，国外学者侧重于考察退休时机或退休行为的影响因素。比如，Fields、Gary、Mitchell 和 Olivia（1984）运用劳动供给跨期模型研究收入结构、社会保障和养老金待遇如何影响退休行为，结论表明，拥有较多财富者倾向于提前退休，而倾向于延迟退休的大多是那些希望通过延长工作时间来获取更多收入的人；Eric Frech（2005）通过建立一个基于未来健康状况和工资水平都不确定的劳动供给、退休和储蓄生命周期模型进行研究，指出社会保障待遇水平、健康状况和债务约束并不是退休决策的主要影响因素，养老金和社会保障制度的税收结构才是影响退休决策的关键因素；Fred Hebein（2012）通过研究职工临近退休时在退休领取满额退休金和推迟退休获取额外养老金奖励之间的决策行为，指出职工的家庭状况、健康状况、工作环境、预期寿命，以及对未来财务状况的担忧等都会影响退休决策和相关行为。

其次，关于延迟退休问题，国外的研究主要集中于延迟退休对社会经济的影响，以及各国的政策选择。在经济影响方面，Vincenzo Galasso（2008）通过模拟研究延迟退休政策在英、美、法、意四国的可行性，表明在人口老龄化的压力下，除意大利外，其他三国都会通过提高本国退休年龄来应对社会保障压力；H. J. Aaron（2010）对延迟退休原因进行批判时指出，延迟退休非但不会减少社会保障赤字，而且随着退休年龄升高，每年将有 6.66% 的福利损失；H. Fehr、M. Kallweit 和 F. Kindermann（2012）通过借助德国的数据研究延迟退休的经济效应，结论表明，在现行养老金制度下，长期贡献率和老年人贫困率将大幅提高；Pendola 和 Charles（2011）指出，当前劳动力的知识和技能禀赋要远远超过过去二三十年，延迟退休必定会使整个社会从中获利；Stefan 和 Josef（2012）则关注延迟退休对就业的影响，并基于奥地利 2000~2006 年逐步提高退休年龄期间的退休和就业数据进行实证分析，结果表明，男性失业率提高了10 个百分点，女性失业率提高了 11 个百分点，证明延迟退休对就业具有负面影响；F. Khaskhoussi（2009）通过研究延迟退休的激励方案，认为这些激励具有重要的积极效应，不仅能够激励职工个人延迟退休年龄，对未就业者也具有较大的吸引力。在各国的政策选择方面，Joanna N. Lahey（2010）通过比较各国雇员年龄歧视法案（ADEA），指出应充分保护老年人的就业权益，主张废除强制退休年龄的规定；Chulhee 和 Jinkook（2011）比较了不同职业从业者退休的概率和意愿，建议就不同职业规定不同的退休年龄；D. S. Docking、R. Fortin 和 S. Michelson（2012）研究男性和女性的个人退休决策，表明无论是男性，还是女性，64～67 岁都是最优退休年龄，即如果一个人想早点退休，则最低的退休年龄为 64 岁，如果没能在 64 岁退休，则退休年龄也不应当超过 67 岁。

（三） 国内外研究现状评述

对于退休年龄问题及延迟退休改革，我们主要从退休年龄政策存在的问题、退休决策及其影响因素、延迟退休的经济效应和延迟退休的政策路径四个方面对国内外研究成果进行梳理和总结。综合来看，国外的研究相对比较成熟，涉及的研究范围和领域也较广，从研究方法来看，既有理论的推演，也有多角度的实证分析。反观国内，对于退休年龄问题及延迟退休改革的研究仅有一二十年的历史，虽然近几年也产生了较多关于退休年龄问题及延迟退休政策的研究成果，但从研究方法上看，仍是以比较分析、历史分析、推理演绎等定性研究为主，数理或实证的研究相对较少，且对一些关键或重要问题的观点、看法或研究结论仍存在较大的分歧或不一致。

退休年龄问题是一个系统性问题，对其展开全面研究必定是一个浩大的工程。目前，对于退休年龄问题，国内也缺乏从全面调研、提出问题到分析问题、提出解决方案的全面系统性研究。因此，我们认为，对中国退休年龄问题研究需深入解答以下问题：首先，中国现行退休年龄政策存在哪些问题？为什么要延迟退休年龄，其现实基础和理论依据是什么？其次，为什么能延迟退休年龄，延迟退休年龄将对社会经济产生哪些影响？最后，怎么延迟退休年龄，应延迟至多少岁？选择何种延迟方式？应有哪些配套改革措施？等等。将这些问题融入一个完整而统一的研究计划中，正是当前中国退休年龄改革之所需，也是目前国内研究的不足和本书研究的价值所在。

三 研究思路、研究内容与研究方法

（一）研究思路与研究内容

总体研究思路遵循传统的"提出问题—分析问题—解决问题"范式。在绪论中提出研究内容和研究目标，即中国现行退休年龄问题，以及为了解决该问题而提出的延迟退休方略。研究分为三个专题，每个专题作为一篇，上篇和中篇分析问题，对本书所研究的问题进行进一步解释和论证。其中，上篇的研究目标是回答中国退休年龄政策存在的问题，以及为什么要延迟退休年龄，即延迟退休改革的政策取向，内容包括中国退休年龄的现状与问题、职工对退休年龄问题及延迟退休政策的认知，以及延迟退休改革的现实基础与理论依据；中篇的研究目标是回答为什么能延迟退休年龄，即分析延迟退休对社会经济可能产生的影响，旨在为后续政策路径设计提供依据，内容包括延迟退休对基本养老保险制度破产边界与偿付能力的影响、延迟退休对代际负担公平性的影响和延迟退休对青年人就业的影响；下篇解决问题，研究目标是回答怎么延迟退休年龄，即延迟退休改革的路径设计，这也是本书研究的核心目标，内容包括退休年龄改革的国际现状与经验、职工延迟退休决策的影响因素分析和中国延迟退休改革的路径设计。

研究的技术路线如图 0－1 所示。

（二）研究方法

本书主要采用理论分析和经验分析相结合、定性分析和定量分析相结合的研究方法。具体而言，理论分析方法包括演绎推理和养老金精算、数值模拟、面板数据回归、二元 Logistic 回归等定量分析方法，经验分析方法包括问卷调查和对比分析、历史分析、文献分析等定性分析方法。下面我们就技术性较强的养老金精算方法、问卷调查法和回归分析法及应用方向做一个简要说明。

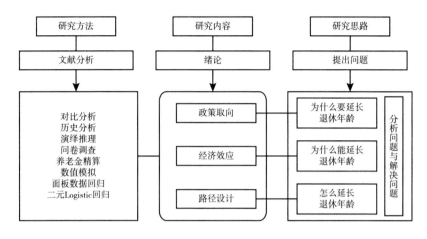

图 0 - 1　技术路线

1. 养老金精算方法

养老金精算方法是精算学方法在养老保险领域的应用，基础为精算平衡原理和生命年金精算，在具体应用时往往结合数值模拟和实证，主要用于测算养老金平衡及待遇、缴费、现值等养老保险参数指标。养老金精算方法也是贯穿整个研究过程的一个方法，本书中有多个章节需要运用养老金精算方法，包括基本养老保险制度破产边界的测算、养老保险代际负担的测算、职工退休决策分析、男女职工养老金待遇差异分析、最优法定退休年龄的测算等。

2. 问卷调查法

关于中国退休年龄制度存在的问题，包括广大职工对延迟退休政策的认识、延迟退休的意愿等，它们都是延迟退休改革过程中需要重点考虑的问题，而对这些问题的准确把握都要建立在对广泛的群众调查基础上。我们于 2017 年 7～8 月通过抽样调查方式对中国

10 个省份（天津、福建、广东、吉林、湖北、湖南、安徽、陕西、四川、贵州）进行问卷调查，涉及农林牧渔业、采矿业、制造业、建筑业以及交通运输、能源勘探、信息通信、金融服务、教育培训、医药卫生、住宿餐饮、批发零售、居民服务、公共管理等 16 个行业大类的职工。

3. 回归分析法

回归分析法是社会经济研究领域应用极广的一种数量分析方法。本书运用的回归分析方法主要包括面板数据回归和二元 Logistic 回归，前者结合行业面板数据，通过构建固定效应变系数模型，研究延迟退休对青年人就业的影响；后者主要基于问卷调查数据构建二元 Logistic 回归模型，研究职工延迟退休的决定因素及影响机制。

上篇　政策取向

政策取向的研究任务是阐明中国退休年龄政策存在的问题，并回答为什么要延迟退休年龄。为了使研究更贴合实际，同时也了解广大职工对退休年龄及延迟退休政策的看法，我们组织了全国范围内的调查研究，并通过整理、汇总、归纳调研成果，获得了大量的图表数据资料。本篇的研究内容分为三章。

第一章：中国退休年龄政策的现状及问题。这一章的研究内容包括退休年龄政策相关概念界定、中国退休年龄政策的历史沿革、中国退休年龄政策存在的问题。

第二章：职工对退休年龄问题及延迟退休政策的认知。这一章基于调查研究所得出的数据结论，分析职工对退休年龄问题的看法，以及对延迟退休政策的认知和态度，研究内容包括职工对现行退休年龄政策合理性的认知、对现行退休年龄政策灵活性的看法、对延迟退休政策目的与政策效果的认识，以及对男女同龄退休及延迟退休方式等问题的看法和秉持的态度。

第三章：延迟退休改革的现实基础及理论依据。这一章首先从群众基础、经济基础和制度基础三个方面分析延迟退休改革的现实可行性；接着运用生命周期理论、制度变迁理论、公平正义理论、福利三角理论和DMP理论诠释延迟退休改革的必要性及相关问题，为延迟退休政策的实施提供现实支撑及理论上的依据。

第一章　中国退休年龄政策的现状及问题

一　退休年龄政策相关概念界定

退休年龄问题是近年来社会各界热议及关心的话题，从本质上看，退休年龄改革的焦点是对法定退休年龄的设置，这涉及退休待遇的确定问题。为了更好地分析和研究中国的退休年龄问题和延迟退休政策，我们有必要先对法定退休年龄与退休待遇所涉及的几个概念进行界定和解析。

（一）法定退休年龄

法定退休年龄是根据国家法律规定，劳动者退职或退休离开工作岗位的年龄。根据1978年颁布的《国务院关于安置老弱病残干部的暂行办法》和《关于工人退休退职暂行办法》①，法定退休年龄如下：男性年满60周岁，女性工人年满50周岁，女干部年满55周岁。这是对法定退休年龄的一般性规定，这一规定沿用至今。此外，考虑到现实经济背景下，不同劳动者所从事工作或岗位的类型、性质差异较大，现行法定退休年龄政策也规定了允许提前退休和延迟退休的情形。

与就业权一样，退休也是宪法赋予劳动者的权利，是休息权

---

① 参见《关于工人退休、退职暂行办法》和《国务院关于安置老弱病残干部的暂行办法》，法律图书馆，http://www.law-lib.com。

的主要构成部分，然而，二者又是一对此消彼长的矛盾体：提前退休保证了劳动者的休息权，但损害了劳动者的就业权；而延迟退休保证了劳动者的就业权，但又损害了劳动者的休息权。所以，从个人角度看，最优退休年龄就是劳动者协调休息权和就业权的最佳契合点，而法定退休年龄就是在兼顾国家利益和企业可持续发展的前提下，将这一最佳契合点在年龄上以法律的形式确定下来。

（二）不规范退休行为

从法律原则上讲，只要是制度规定以外的、非法定退休年龄的退休情况都是不规范退休行为。由于目前法律上对退休年龄的规定并不具有弹性，因此不规范退休行为可以分成不规范提前退休行为和不规范延迟退休行为。不规范提前退休行为，比如"内退"，我们将其视为特殊历史时期的特殊政策，严格来讲，"内退"不算退休，但也属于劳动者提前退出工作岗位的情况，其除了制造社会不公平以外，对社会经济也产生较大的负面影响。对于不规范提前退休行为，我们还要将其与符合法律规定的"特殊工种提前退休"和"提前病退"进行区分，对于这两种情况，虽然劳动者的退休年龄都低于法定退休年龄，但这是一种法律上的人性化规定，是出于保护劳动者的考虑，仍属于合规的退休行为。对于不规范延迟退休行为，如果不是出于劳动者意愿，便是侵犯了劳动者的休息权，而出于劳动者个人意愿的延迟退休现象其实相对较少，较多的则是"退而不休"现象。从理论上讲，劳动者退职，离开工作岗位应该是永久性的，即职工永久性离开工作岗位，所以"退而不休"现象其实是一种变相的延迟退休，职工一方面拿着退休养老金，另一方面继续参加工作领取工资，这一做法违背了退休制度建立的初衷，也在一定程度上造成了社会的不公平。

（三）退休待遇

退休待遇涉及面较广，我们的研究涉及的主要是养老金待遇，这是退休年龄改革另一层面的问题。养老金待遇来自养老金制度，在中国即为基本养老保险制度，这是为了保障劳动者退出并永久离开工作岗位后的基本生活而建立的一项社会保障制度。一般来说，养老金制度都会规定劳动者领取养老金的条件和额度，这是一项与退休年龄息息相关的制度。根据《中华人民共和国社会保险法》第十六条的规定①，领取养老金的条件是劳动者达到法定退休年龄且基本养老保险累计缴费满十五年，这两个条件缺一不可，尤其是法定退休年龄条件是一个硬性指标。

近年来，人口老龄化导致退休年龄政策与社会经济发展不相适应，社会保障压力逐年增大，延迟退休的呼声日益高涨。2013年11月，党的十八届三中全会提出研究制定"渐进式延迟退休年龄政策"，此后，延迟退休进入方案研究与制定阶段，针对这一世界性问题，国外弹性退休制度的做法得到国内许多学者的支持。所谓弹性退休制度是将不同退休年龄与不同退休待遇相结合，用退休待遇的激励与惩罚机制促使劳动者自发延长退休年龄。2010年，上海地区实施的柔性退休制度就是弹性退休制度的一种，通过养老待遇来激励部分劳动者自发延迟退休年龄，促进人力资源充分利用。更为一般的情况是，弹性退休制度是以法定退休年龄为中心设置一个退休年龄区间，劳动者在法定退休年龄退休，则可领取全额养老金；如果劳动者早于法定退休年龄退休，则根据距离法定退休年龄时间长短扣减部分养老金，即使劳动者无法领取全额养老金；如果劳动者自发延迟退休，则在领取全额养老金的基础上再根据延迟退休的

---

① 参见《中华人民共和国社会保险法》，国务院法制办网站，http：//www.chinalaw.gov.cn/article/fgkd/xfg。

时间长短进行部分养老金奖励。目前，弹性退休制度是许多国家退休制度灵活性设置的一种体现。

二 中国退休年龄政策的历史沿革

自新中国成立以来，对于职工退休退职制度及相关政策，虽然有多部法律与政策文件颁布并实施，但对于退休年龄政策始终没有进行实质性调整，也就是说，中国现行退休年龄政策与新中国成立初期的政策相比并没有太大变化。下面，我们对退休年龄政策从最初制定至今的几次规范性调整进行全面梳理，并以此探究中国退休年龄政策的历史沿革。

中国退休年龄政策的制定最早可追溯至1951年，当时政务院颁布了《劳动保险条例》，其中，第十五条是关于享受养老待遇的条件规定，"男工人与男职员年满六十岁，一般工龄满二十五年，本企业工龄满五年者，可退职养老……女工人与女职员年满五十岁，一般工龄满二十年，本企业工龄满五年者，得享受本条甲款规定的养老补助费待遇"①。后来，《劳动保险条例》虽然于1953年和1956年经过两次修订，但是有关退职养老的年龄条件仍然保持不变，即男性年满60周岁，女性年满50周岁。

1978年，国务院颁布《关于工人退休退职暂行办法》和《国务院关于安置老弱病残干部的暂行办法》，第一次单独以文件的形式将退休年龄及相关政策明确下来。我们综合研究两个文件对于退休年龄的规定，其中对于普通职工群体，退休或退职的年龄条件为"男性年满六十周岁，女工人年满五十周岁，女干部年满五十五周岁"；此外，考虑到"特殊工种"和职工身体健康状况，对于从事井下、高空、高温，以及特别繁重体力劳动或者其他有

---

① 参见《劳动保险条例》，法律图书馆，http://www.law-lib.com。

害身体健康工作的职工，退休年龄可以放宽至男性年满 55 周岁，女性年满 45 周岁，而对于因病或因工完全丧失工作能力的劳动者，退休年龄放宽至男性年满 50 周岁，女性年满 45 周岁①。可见，两个文件对退休年龄的规定既有正常退休的要求，也包含提前退休的条件，这些政策与规定一直沿用至今，始终未进行实质性修改。

1983 年，《国务院关于延长部分骨干教师、医生、科技人员退休年龄的通知》（下称《通知》）和《国务院关于高级专家离休退休若干问题的暂行规定》（下称《规定》）颁布，对 1978 年颁布并实施的退休年龄政策进行补充。1978 年颁布的两个文件对正常退休和提前退休都做了相应规定，而 1983 年的这两个文件则对延迟退休进行了补充。具体而言，在《通知》中，放开了教育、卫生和科技领域的骨干专业技术人员的退休年龄限制，允许这部分劳动者的退休年龄上浮一岁至五岁，男性不超过六十五周岁，女性不超过六十周岁；而《规定》主要针对高级专家，允许副教授、副研究员的退休年龄上浮至六十五周岁，教授、研究员的退休年龄上浮至七十周岁②。1983 年的这次政策修订主要是出于对人力资源充分利用的考虑，让高级专家、学者，以及专业技术人员能够更好地发挥余热，为社会经济发展做出更大贡献。

可以说 1978 年和 1983 年颁布的四个有关退休规定的文件，构成了目前中国的退休年龄政策框架，结合当时的经济社会发展水平、人口寿命等因素来看，这一退休年龄政策在当时是合乎时宜的。然而，经过 40 多年改革开放和经济建设，中国现在的经济社会发展水平与退休年龄政策制定时的情况相比已不可同日而语，加上人口平

---

① 参见《关于工人退休退职暂行办法》和《国务院关于安置老弱病残干部的暂行办法》，法律图书馆，http：//www.law-lib.com。
② 参见《国务院关于延长部分骨干教师、医生、科技人员退休年龄的通知》和《国务院关于高级专家离休退休若干问题的暂行规定》，法律图书馆，http：//www.law-lib.com。

均寿命显著提高，国民平均受教育年限显著延长，退休年龄政策渐显不合时宜，并产生越来越多矛盾和问题。

三 中国退休年龄政策存在的问题

改革开放以后，中国的经济体制逐步由计划经济转变为社会主义市场经济，随着现代企业制度建立，劳动力供给的市场化，企业自负盈亏，市场竞争加剧，现有的退休年龄制度由于失去了可依托的社会和经济基础，无论是政策本身，还是实施与管理，都存在许多问题。

（一）法定退休年龄太低

根据 OECD 对其成员养老金水平及退休年龄的统计（见表 1-1），2014 年，OECD 成员退休年龄（领取基本或最低养老金的年龄）的平均水平为：男性为 64.7 岁，女性为 63.5 岁。其中，男性退休年龄较高的国家为冰岛、以色列和挪威，三国均为 67 岁，女性退休年龄较高的国家为冰岛和挪威，亦均为 67 岁；男性退休年龄最低的国家为土耳其，为 60 岁，女性退休年龄最低的国家也是土耳其，为 58 岁。与 OECD 成员相比，中国当前的法定退休年龄显然较低，从男性 60 岁退休、女性 50 岁退休的规定来看，男性退休年龄比 OECD 成员的平均水平低 4.7 岁，而女性退休年龄差距更是高达 13.5 岁。我们再看亚洲国家和地区的退休年龄水平，从表 1-2 中的数据可以看出，亚洲发展中国家退休年龄水平普遍较低，如印度男女退休年龄均为 58 岁，印度尼西亚男女退休年龄均为 55 岁，而发达国家和地区，比如日本和韩国男女退休年龄均为 65 岁，以色列男性退休年龄为 67 岁，女性退休年龄为 62 岁，中国台湾地区强制退休年龄为 65 岁。综合来看，亚洲地区（中国大陆除外）男性平均退休年龄为 62.3 岁，女性为 60.6 岁，中国大陆男性退休年龄比上述亚洲地区平均水平低了 2.3 岁，女性退休年龄比上述亚洲地区平均水平低了 10.6 岁。

另外，我们考察寿命与退休年龄的差距，即劳动者退休后的平均生存年限，这也是衡量法定退休年龄设置合理性的一个重要指标。我们同样先考察 OECD 成员，所有 OECD 成员退休后的平均生存年限为：男性为 13.2 年，女性为 19.4 年。而该指标在中国的水平为：男性为 14.3 年，女性为 27.3 年。中国男性退休后的平均生存年限超过 OECD 成员男性 1.1 年，女性则超过 OECD 成员女性 7.9 年。我们再看亚洲地区，男性退休后的平均生存年限为 12.5 年，女性为 19.7 年，中国男性和女性退休的平均生存年限比亚洲地区男性和女性分别高出 1.8 年和 7.6 年。退休后的生存年限即劳动者退休后能够领取养老金的时限，该时限越长，养老金压力就越大。相比 OECD 成员及大部分亚洲国家和地区，一方面，中国男性和女性平均寿命水平均相对较低；另一方面，退休后男性和女性的生存年限却相对较长，这显然表明中国的退休年龄较低，尤其是女性的退休年龄。

退休年龄过低将带来诸多负面影响，首先，如果劳动者完全离开工作岗位，尤其是人力资本含量较高的劳动者过早地离开工作岗位，势必造成人力资源的浪费；其次，在过早退休的劳动者选择再就业时，丰富的经验、技术、阅历，以及企业聘用后无须再为其缴纳各项社保费等优势，对企业来说是极具吸引力的，这对青年人的就业将产生一定的影响，并且退休人员一边拿着养老金，一边继续工作，领取工资，本身也将造成一定程度的社会不公平；最后，退休年龄过低，劳动者过早停止养老缴费，在人口老龄化和平均寿命延长的情况下，势必进一步增加养老基金的支付压力。

表 1 - 1 2014 年部分国家法定退休年龄、平均寿命
及退休后的平均生存年限（OECD 成员）

单位：岁，年

国家	退休年龄		平均寿命		退休后的平均生存年限	
	男性	女性	男性	女性	男性	女性
澳大利亚	65	65	80.3	84.5	15.3	19.5
奥地利	65	60	78.8	83.8	13.8	23.8
比利时	65	65	78.3	83.2	13.3	18.2
加拿大	65	65	80	84	15	19
智利	65	60	78.6	84.5	13.6	24.5
捷克	62.7	61.3	75.7	81.5	13	20.2
丹麦	65	65	78.3	82.0	13.3	17.2
爱沙尼亚	63	61	72	81.3	9	20.3
芬兰	65	65	78	83.6	13	18.6
法国	61.2	61.2	79.2	85.1	18	23.9
德国	65.3	65.3	78.5	83.3	13.2	18
希腊	65	65	78	83.8	13	18.8
匈牙利	62.5	62.5	71.5	78.7	9	16.2
冰岛	67	67	81	84	14	17
爱尔兰	66	66	78.8	83	12.8	17
以色列	67	62	80.5	84.1	13.5	22.1
意大利	66.3	62.3	80.6	85.5	14.3	23.2
日本	65	65	80.2	86.7	15.2	21.7
韩国	65	65	78.5	85	13.5	20
卢森堡	65	65	79.3	83.9	14.3	18.9
墨西哥	65	65	74.4	79.2	9.4	14.2
荷兰	65.2	65.2	79.7	83.3	14.5	18.1
新西兰	65	65	80	83.6	15	18.6
挪威	67	67	79.5	83.6	12.5	16.6
波兰	65	60	73.4	81.4	8.4	21.4
葡萄牙	66	66	77.9	83.8	11.9	17.8
斯洛伐克	62	62	72.5	79.9	10.5	17.9
斯洛文尼亚	65	65	77.3	83.4	12.3	18.4

资料来源：OECD, *Pensions at a Glance 2015*：*OECD and G20 Indicators*（Paris：OECD Publishing, 2015），http：//dx. doi. org/10. 1787/pension_glance - 2015 - en；*Human Development Report 2015*（New York：Published for the United Nations Development Programme），http：//www. undp. org。

表1-2 2014年部分国家和地区法定退休年龄、平均寿命
及退休后的平均生存年限（亚洲）

单位：岁，年

国家和地区	退休年龄		平均寿命		退休后的平均生存年限	
	男性	女性	男性	女性	男性	女性
中国大陆	60	50	74.3	77.3	14.3	27.3
以色列	67	62	80.5	84.1	13.5	22.1
日本	65	65	80.2	86.7	15.2	21.7
韩国	65	65	78.5	85	13.5	20
印度	58	58	66.6	69.5	8.6	11.5
印度尼西亚	55	55	66.9	71	11.9	16
沙特阿拉伯	65	60	73	75.7	8	15.7
新加坡	62	62	79.9	86	17.9	24
马来西亚	60	60	72.4	77.1	12.4	17.1
泰国	60	60	71.1	77.9	11.1	17.9
越南	60	55	71	80.5	11	25.5
中国香港	65	60	81.2	86.8	16.2	26.8
中国台湾*	65	65	76	82.5	11	17.5
平均值	62.3	60.6	74.8	80.2	12.5	19.7

注：*中国台湾地区65岁退休年龄为强制退休年龄，中国台湾地区退休年龄执行多重标准，最低为55岁，在计算男性及女性退休年龄平均值时未考虑中国大陆的相关情况。

资料来源：OECD, *Pensions at a Glance 2015：OECD and G20 Indicators*（Paris：OECD Publishing, 2015）, http：//dx. doi. org/10. 1787/pension _ glance - 2015 - en；*Human Development Report 2015*（New York：Published for the United Nations Development Programme）, http：//www. undp. org；各大网络、报刊、媒体的数据报道。

（二）退休年龄缺乏弹性

目前，法定退休年龄政策中"男性六十岁，女工人五十岁，女干部五十五岁"的规定是一个固化的要求，只要不符合提前或延迟退休的条件，哪怕就是一个月的提前或推迟退休都是违规的。对于

退休年龄的选择，无论是个人，还是企业，都只能执行国家政策的规定，没有选择的空间。然而，在现实经济活动中，由于工作性质、工作岗位、行业类型，以及劳动者健康水平、受教育程度、家庭负担等主客观因素差异，不同劳动者对退休年龄的主观选择是不同的，企业在生产经营过程中对雇员在岗或退休的诉求也存在差异，而"一刀切"式的退休年龄政策无视现实经济中的这些差异，以至于不规范的提前退休、"退而不休"等现象层出不穷、屡禁不止。

在国民经济发展的特殊时期，比如，经济转型、国企改革时期，由于退休年龄缺乏弹性，许多企业（尤其是国企）冗员情况严重，职工个人和企业又无法灵活选择退休年龄，劳动力更新机制受到抑制，企业负担沉重，严重影响经济效益和生产经营。为了解决这一问题，国务院于1993年颁布《国有企业富余职工安置规定》，允许距离法定退休年龄不到五年的职工，可以退出工作岗位休养，即"内退"，由企业发给生活费①。然而，庞大的"内退"职工队伍，加上违规"内退"现象，导致企业包袱十分沉重。其实，这一制度的根源就是退休年龄政策缺乏弹性。

（三）不规范退休现象严重

如前所述，不规范退休现象主要有不规范提前退休和不规范延迟退休两种，在经济转型阶段或在退休年龄与社会经济、人口发展不相适应的情况下，不规范退休现象较为严重，比如，违规早退、违规内退、退而不休等。中国统账结合的基本养老保险制度建立的时间较晚，为了使制度能够平稳过渡并持续发展，对在制度建立前已经参加工作的在职职工规定了视同缴费年限政策（实则没缴费，相当于退休后即可享受福利）和过渡性养老金政策（作为对个人账

---

① 参见《国有企业富余职工安置规定》，法律图书馆，http://www.law-lib.com。

户建立较晚的弥补），部分地区还实行调节金政策等，这部分职工在福利的驱使下具有极其强烈的提前退休倾向。廖少宏（2012）基于中国综合社会调查数据对提前退休模式与行为进行研究，表明中国男性劳动者总体上提前退休的比例为 19.6%，女性为 30.5%，而在临近法定退休年龄的五年内，男性提前退休的比例高达 45.4%，女性提前退休的比例高达 41.5%。虽然在法定退休年龄规定的框架内，允许"特殊工种"和符合"病退"条件的劳动者提前退休，然而与庞大的劳动者总量相比，这两类劳动者毕竟是少数，因此，从数据中足以可见在中国退休政策执行过程中，不规范提前退休现象是多么的严重。

其实，对于提前退休和延迟退休现象，从近几年国家统计局有关人口与就业的普查统计数据中可窥见一二。表 1-3 中的数据是根据第六次全国人口普查中有关就业和退休数据整理并计算得到的，从中我们可以看到，在男性退休人口中，60 岁以下者占 52.8%，也就是说，超过一半的男性退休者在低于法定退休年龄时就退休了，我们不禁要问，"特殊工种"和"病退"的职工占比有如此之高吗？而在女性职工中，50 岁以下退休者的比例仅为 15.39%，可见女性职工提前退休的现象要明显少于男性职工，当然，这和中国女性职工法定退休年龄过低不无关系。

表 1-3　中国分年龄、性别的就业和退休人口比例

单位：%

年龄	就业人口比例		退休人口比例	
	男性	女性	男性	女性
34 岁及以下	39.03	44.48	0.11	0.12
35~39 岁	15.47	16.37	0.12	0.04
40~44 岁	15.19	15.96	0.31	0.42
45~49 岁	12.53	12.09	0.70	14.81

续表

年龄	就业人口比例		退休人口比例	
	男性	女性	男性	女性
50～54 岁	8.17	5.21	17.92	42.56
55～59 岁	6.05	3.41	33.64	25.40
60～64 岁	2.08	1.49	28.14	9.15
65～69 岁	0.93	0.63	10.21	3.82
70 岁及以上	0.37	0.24	8.85	3.67

资料来源：根据 2010 年第六次全国人口普查数据整理与计算得到。

此外，从表 1-3 中我们还可以看到，在男性就业人口中，60 岁以上者占 3.38%，70 岁及以上者占 0.37%，而在女性就业人口中，55 岁以上者占 5.77%，70 岁及以上者占 0.24%，如果扣除可延迟退休的高级专家和骨干专业技术人员两种情况，那么男性 60 岁以上者和女性 55 岁以上者（无论女工人，还是女干部）都应该处于退休状态，而非工作或就业状态，而 70 岁及以上者，无论是何身份都应该处于退休状态。可见，不规范延迟退休行为也是存在的。

四　本章主要结论

本章的研究目的是指出中国退休年龄政策存在的问题，从退休年龄政策相关概念的界定切入，进而介绍中国退休年龄政策的历史沿革，指出中国退休年龄政策实施 60 多年来没有实质性的变革与调整，已然与社会经济发展及人口老龄化的趋势不相适应，由此也衍生出一系列社会与经济问题。

对于退休年龄政策本身存在的问题，我们通过对相关数据的推演及对比分析得出，当前，中国退休年龄政策存在法定退休年龄偏低、退休年龄缺乏弹性和不规范退休现象严重三大问题，而且这三大问题之间又是相互影响、互为因果的，比如，法定退休年龄偏低引致大量政策内甚至政策外的退休返聘、退而不休现象，而不规范提前退休行为本身也在很大程度上是由退休年龄缺乏弹性所致。

第二章　职工对退休年龄问题及延迟退休政策的认知

关于退休年龄政策存在的问题及延迟退休改革，社会各界，尤其是广大企事业单位职工至今仍存在不同的理解和看法，其中虽然不乏支持者，但更多的是反对者，以及对政策的不理解者。基于此，我们于 2017 年 7~8 月就职工对中国退休年龄问题及延迟退休政策的认知进行调查，旨在了解各类职工和就业人员对当前延迟退休政策的认知及对延迟退休的态度和决策倾向，以期为政策制定提供依据和参考。

一　调查的内容和方案设计

（一）调查的主要内容

根据研究目标，调查的内容主要涉及两个方面：一是职工对中国退休年龄问题及延迟退休政策的认识和看法；二是职工对于延迟退休的个人意愿及其影响因素，其中也涉及职工对当前退休年龄政策的看法、职工的退休准备等。此外，为了便于对样本进行归类及交叉分析，调查内容还包括职工的个人特质信息和工作特质信息，前者包括职工性别、年龄、健康状况、学历、婚姻状况等，后者包括职业状态、收入水平（月收入）、工作单位类型、行业类别（所处行业）、劳动性质、职称、工作岗位类别、工作场所等。

（二）调查方案设计

1. 调查的范围与对象

本次调查范围涵盖全国，调查对象为企事业单位在职职工和灵活就业人员（包括个体工商户和自由职业者），以及上述群体中的退休人员。由于灵活就业人员除了可以参加城镇居民基本养老保险外，也可以以个人身份参加城镇职工基本养老保险，因此也将其列入调查对象。

2. 抽样方案

本次调查采用多阶段抽样方法，首先，从全国 31 个省份中抽取部分省份入样，组成第一阶段样本；其次，从入选的每个省份中再抽取部分城市组成第二阶段样本；再次，从入选的每一个城市中再抽取部分企业（含个体工商户和自由职业者）组成第三阶段样本；最后，从入选的企业中再抽取部分职工进行调查。对于每个阶段的抽样，我们除了权衡样本的代表性和随机性之外，也兼顾抽样调查工作在具体操作时的可行性和可及性，以及后续数据处理与分析的便利性。抽样过程与抽样方法如图 2-1 所示。

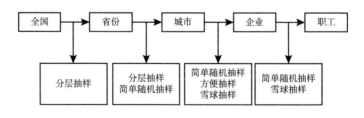

图 2-1　抽样过程与抽样方法

（1）第一阶段抽样：抽取省级样本

第一阶段采用分层抽样方法，首先根据经济区划将除港澳台以外的全国 31 个省级行政区分为东部、东北、中部和西部四大区域[①]，其中，东部地区有 10 个省份，东北地区有 3 个省份，中部地区有 6 个省份，西部地区有 12 个省份。接着，以城镇职工基本养老保险基金可支付月数为标识[②]，将每个经济区域中的省份按照城镇职工基本养老保险基金支付压力分为三类：支付压力较大的省份（可支付月数＜10 个月）、支付压力适中的省份（10 个月≤可支付月数＜20 个月）、支付压力较小的省份（可支付月数≥20 个月）。在抽取省级样本时，为保证样本的代表性，在每个经济区域，从基本养老金支付压力较大、适中和较小的省份各抽取一个，抽样的过程同时兼顾调查开展的可及性和便利性。省份分组和抽样结果如表 2 - 1 所示。

表 2 - 1　省份分组和抽样结果

经济区域	基本养老金支付压力	省份	省份样本
东部	较大	河北、天津、海南	天津
	适中	上海、山东、福建	福建
	较小	江苏、浙江、北京、广东	广东
东北	较大	黑龙江、吉林、辽宁	吉林
	适中	—	—
	较小	—	—
中部	较大	湖北	湖北
	适中	江西、河南、湖南	湖南
	较小	安徽、山西	安徽

----

① 详见中华人民共和国国家统计局网站，http://www.stats.gov.cn/ztjc/zthd/sjtjr/dejtjkfr/tjkp/201106/t20110613_71947.htm。

② 之所以选择城镇职工基本养老保险基金可支付月数作为标识，是因为延迟退休问题的提出在很大程度上源于人口老龄化下基本养老保险基金支付压力与日俱增，而体现这一压力大小的最直接指标就是基金在未来的可支付月数，可支付月数越多，基金支付压力就越小。城镇职工基本养老保险基金可支付月数由各省份城镇职工基本养老保险基金累计结余和退休职工人数共同决定，进一步细化，又与各省份经济发展水平、缴费职工人数、养老金领取人数等指标有关。考虑到数据获取的可能性，这些指标都可作为后续各阶段抽样的标识。

续表

经济区域	基本养老金支付压力	省份	省份样本
西部	较大	青海、陕西、内蒙古	陕西
	适中	广西、甘肃、宁夏、重庆、四川	四川
	较小	贵州、云南、新疆、西藏	贵州

注：（1）由于东北地区只有三个省份，它们又都属于基本养老金支付压力较大的省份，故只抽取一个省份，并且选取三个省份中支付压力居中的吉林省为省份代表；（2）城镇职工基本养老保险基金支付压力分类的依据为可支付月数。

资料来源：《中国社会保险发展年度报告（2015）》。

（2）第二阶段抽样：抽取市级样本

第二段抽样采用分层抽样和简单随机抽样相结合的方法，除直辖市外，将每个入样省份内的所有地级市按照经济发展水平（以 GDP 为标准）分为三类：经济较发达的一类组、经济处于中等水平的二类组和经济较落后的三类组。在每组中按照简单随机抽样方式抽取一个城市。这里需要特别说明的是，在城市分组时，由于不同省份 GDP 差距很大，因此，对于不同省份三类城市的划分，把不同的 GDP 水平作为标准；此外，同一省份内不同城市间 GDP 的差距也很大，因此，在省份内分组时，为保证组间有较大的异质性，对于同一省份内不同类别城市的数量，不追求一致性，部分省份一类城市甚至只有一个。所以，三个类别城市的划分仅在同一省份内比较，不同省份之间不具有可比性（比如，广东省二类城市的 GDP 甚至超过许多省份的一类城市）。这样的划分方式虽然损失了样本的部分随机性，但是保证了在每个省份内样本的代表性。城市分组和抽样结果如表 2 – 2 所示。

表 2 – 2　城市分组和抽样结果

省级行政区	城市分组（以 GDP 为标准）	城市样本
天津	天津	天津
福建	一类（GDP＞5000 亿元）：泉州、福州	福州
	二类（2000 亿元＜GDP＜4000 亿元）：厦门、漳州	厦门
	三类（GDP＜2000 亿元）：龙岩、三明、莆田、宁德、南平	三明

续表

省级行政区	城市分组(以 GDP 为标准)	城市样本
广东	一类(GDP>17000 亿元):广州、深圳	广州
	二类(6000 亿元<GDP<9000 亿元):佛山、东莞	东莞
	三类(GDP<3500 亿元):惠州、中山、湛江、茂名、江门、珠海、肇庆、揭阳、汕头、清远、阳江、韶关、梅州、潮州、河源、汕尾、云浮	汕头
吉林	一类(GDP>5000 亿元):长春	长春
	二类(1000 亿元<GDP<2500 亿元):吉林、松原、四平、通化	四平
	三类(GDP<1000 亿元):延边、辽源、白城、白山	白山
湖北	一类(GDP>10000 亿元):武汉	武汉
	二类(1000 亿元<GDP<3500 亿元):宜昌、襄阳、荆州、黄冈、孝感、荆门、十堰、黄石、咸宁	宜昌
	三类(GDP<1000 亿元):随州、鄂州、恩施、仙桃、潜江、天门	随州
湖南	一类(GDP>8000 亿元):长沙	长沙
	二类(2000 亿元<GDP<3000 亿元):岳阳、常德、衡阳、株洲、郴州	衡阳
	三类(GDP<2000 亿元):湘潭、永州、邵阳、益阳、娄底、怀化、湘西、张家界	娄底
安徽	一类(GDP>5000 亿元):合肥	合肥
	二类(1000 亿元<GDP<3000 亿元):芜湖、安庆、马鞍山、滁州、阜阳、蚌埠、宿州、六安	阜阳
	三类(GDP<1000 亿元):宣城、亳州、淮南、淮北、铜陵、池州、黄山	宣城
陕西	一类(GDP>5000 亿元):西安	西安
	二类(1000 亿元<GDP<3000 亿元):榆林、咸阳、宝鸡、渭南、延安、汉中	宝鸡
	三类(GDP<1000 亿元):安康、商洛、铜川	安康
四川	一类(GDP>10000 亿元):成都	成都
	二类(1000 亿元<GDP<2000 亿元):绵阳、德阳、宜宾、南充、达州、泸州、凉山、乐山、资阳、内江、自贡、眉山、广安	资阳
	三类(GDP<1000 亿元):攀枝花、遂宁、广元、雅安、巴中、阿坝、甘孜	广元

省级行政区	城市分组（以 GDP 为标准）	城市样本
贵州	一类（GDP＞2000 亿元）：贵阳、遵义	贵阳
	二类（1000 亿元＜GDP＜2000 亿元）：毕节、六盘水	毕节
	三类（GDP＜1000 亿元）：黔南、黔东南、黔西南、铜仁、安顺	铜仁

注：每个省份每一类城市的抽样采取简单随机抽样方式，并利用 EXCEL RAND 函数产生随机数来确定，具体函数形式为：INT（$RAND$（·）×（$B-A+1$））$+A$，A 和 B 表示城市编号。

（3）第三、四阶段抽样：抽取企业和职工样本

第三阶段抽取企业样本，由于全国各个城市大大小小的企业数量众多，少者数千，多者上百万，并且不同城市之间企业的数量也存在较大差距，因此，从城市中抽取企业样本时，我们采用简单随机抽样和方便抽样相结合的方式，对于个体工商户和自由职业者的抽样则采用方便抽样和雪球抽样相结合的方式。

第四阶段从企业中抽取接受调查的职工，这一阶段采用简单随机抽样与雪球抽样相结合的方式，从企业内不同岗位抽取部分职工作为调查对象，对于个体工商户和自由职业者，则选择其负责人或主要经营者直接入样。

（三）调查的开展

本次调查采用实地问卷调查方式，总共 48 人参与调查，分为 10 组，每组 4～5 人。考虑到调查开展的可行性和便利性，参与调查的人员均来自抽样的调查地。开展调查工作之前，我们首先对调查人员进行有关社会经济调研知识和方法的培训，之后，各小组成员利用回乡期间赶赴相应省份和城市开展问卷调查。调查工作实行分组管理，每个样本省份为一组，组内进行统一安排、统一行动。为了保证问卷质量，对每个调查组在每个样本城市不设置固定任务数量，各组根据实际情况申报本组能够完成的调查问卷数量，并允许在调查过程中根据实际情况增加或减少任务数量。

二　样本的基本情况

本次调查在全国范围抽取 10 个省级行政区、28 个城市（含直辖市），涉及农林牧渔业、采矿业、制造业、建筑业以及交通运输、能源勘探、信息通信、金融服务、教育培训、医药卫生、住宿餐饮、批发零售、居民服务、公共管理等 16 个行业大类，共回收有效问卷5978 份。

（一）被调查者的区域分布

本次调研的数据样本涵盖中国东部、东北、中部和西部四个经济区域，涉及天津、福建、广东、吉林、湖北、湖南、安徽、陕西、四川和贵州 10 个省级行政区。其中，东部地区、中部地区和西部地区各有三个省份，东北地区有一个省份，四个经济区域的样本量占比分别为 38.7%、28.0%、23.8% 和 9.5%（见图 2-2）。

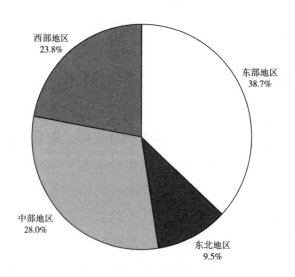

图 2-2　各经济区域样本量占比

由于东部地区多为经济发达的省份，经济总量占全国的一半以上，人口也占全国的将近四成，因此，东部地区38.7%的样本数占比符合中国经济发展的区域特征。此外，东北地区无论省份数、经济总量，还是人口数，相比其他区域都要少得多，因此，9.5%的样本数占比也较为符合实际情况。10个省份样本数分布如图2-3所示。

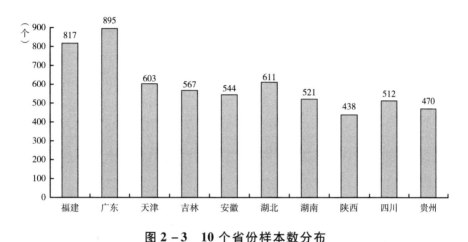

图2-3　10个省份样本数分布

（二）被调查者的个人特质信息分布

为了研究不同类型或不同特征职工群体对退休年龄问题及延迟退休政策的认知，我们在开展问卷调查时对被调查职工的个人特质信息进行了收集，这些信息包括性别、年龄、健康状况、学历、婚姻状况、家庭负担、退休准备等。被调查者个人特质具体属性的样本分布如表2-3所示。

表2-3　被调查者个人特质具体属性的样本分布

单位：人，%

个人特质因素	属性	样本量	占比
性别	男性	2900	48.5
	女性	3078	51.5

续表

个人特质因素	属性	样本量	占比
年龄	29 岁以下	1755	29.4
	30 ~ 39 岁	1769	29.6
	40 ~ 49 岁	1731	29.0
	50 ~ 59 岁	601	10.1
	60 岁及以上	122	2.0
健康状况	良好	4323	72.3
	一般	1480	24.8
	较差	175	2.9
学历	中专、高中及以下	1565	26.2
	大专	1327	22.2
	本科	2440	40.8
	硕士	481	8.0
	博士	165	2.8
婚姻状况	无配偶	1715	28.7
	有配偶	4263	71.3
家庭负担	负担 0 个人（自己）	1405	23.5
	负担 1 个人	2392	40.0
	负担 2 个人	1741	29.1
	负担 3 个人及以上	440	7.4
退休准备	有退休准备	3379	56.5
	无退休准备	2599	43.5

（三）被调查者的工作特质信息分布

被调查者的工作特质信息包括职业状态、收入水平（月收入）、工作单位类型、行业类别（所处行业）、劳动性质、职称、工作岗位类别、工作场所等与工作相关的信息。为研究不同工作特质属性的职工对退休年龄问题认知和延迟退休态度的差异，我们对职工的工作特质及其属性信息进行了收集，被调查者工作特质具体属性的样本分布如表 2 - 4 所示。

表 2 – 4　被调查者工作特质具体属性的样本分布

单位：人，%

工作特质因素	属性	样本量	占比
职业状态	在工作，且五年内不会退休	5403	90.4
	在工作，且五年内将退休	394	6.6
	已退休（或离休）	181	3.0
月收入	3000 元以下	1691	28.3
	3000 ~ 5000 元	2382	39.8
	5000 ~ 10000 元	1453	24.3
	10000 ~ 15000 元	231	3.9
	15000 元以上	221	3.7
工作单位类型	行政机关	644	10.8
	事业单位	1593	26.6
	国有企业或国有控股企业	892	14.9
	其他类型企业	2047	34.2
	个体工商户和自由职业者	802	13.4
所处行业	能源、勘探、矿业	276	4.6
	公共管理、社会组织	657	11.0
	房地产、建筑业	401	6.7
	邮政、交通运输业	238	4.0
	金融、租赁与商业服务业	672	11.2
	教育、科研与培训业	1095	18.3
	批发零售业	460	7.7
	医药卫生业	434	7.3
	制造业	778	13.0
	软件与信息产业	163	2.7
	其他行业	804	13.4
劳动性质	体力劳动	1204	20.1
	脑力劳动	3919	65.6
	体力劳动和脑力劳动兼而有之	855	14.3
职称	无	2213	37.0
	初级	1263	21.1
	中级	1787	29.9
	副高级	435	7.3
	高级	280	4.7

续表

工作特质因素	属性	样本量	占比
工作岗位类别	领导	1150	19.2
	非领导	4828	80.8
工作场所	有毒有害恶劣环境	206	3.4
	普通室外	670	11.2
	大堂、车间等普通室内	1725	28.9
	办公室	3377	56.5

（四） 被调查者的工作主观感受信息分布

在走访调查中，我们发现职工对所从事工作的主观感受在一定程度上会影响职工对延迟退休的态度。为了从数据上验证这一关系的存在，我们就职工对所从事工作各方面的主观感受进行调查，包括职工对当前所从事的工作或所处工作岗位的喜欢程度、职工对当前工作压力的主观感受、职工对工作环境的满意程度、职工对工资福利待遇的满意程度。如表2-5所示，在参与调查的职工中，共有45%的职工表示对当前所从事的工作或所处工作岗位是喜欢或很喜欢的，仅有6.8%的职工表示不喜欢或很不喜欢；51.4%的职工感觉当前工作压力较大或很大，仅有6.1%的职工表示当前工作压力较小或很小；47%的职工对工作环境表示满意或很满意，仅有8.3%的职工表示不满意或很不满意；25.8%的职工对工资福利待遇表示满意或很满意，22.4%的职工表示不满意或很不满意。可见，在中国，各类职工（包括个体工商户和自由职业者）对所从事工作各方面的认可程度并不高，但总体来看，满意的比例还是大于不满意的比例。

表2-5　被调查者在工作方面主观感受的样本分布

单位：人，%

主观感受的类型	属性	样本量	占比
职工对当前所从事的工作或所处工作岗位的喜欢程度	很喜欢	532	8.9
	喜欢	2157	36.1
	一般	2884	48.2
	不喜欢	294	4.9
	很不喜欢	111	1.9
职工对当前工作压力的主观感受	很大	998	16.7
	较大	2077	34.7
	适中	2536	42.4
	较小	251	4.2
	很小	116	1.9
职工对工作环境的满意程度	很满意	405	6.8
	满意	2403	40.2
	一般	2671	44.7
	不满意	385	6.4
	很不满意	114	1.9
职工对工资福利待遇的满意程度	很满意	215	3.6
	满意	1330	22.2
	一般	3093	51.7
	不满意	1085	18.1
	很不满意	255	4.3

三　职工对退休年龄问题认知差异的描述性分析

从本质上看，无论何种形式的不规范退休行为，其实都是职工对退休年龄政策存在的问题有所感知以后作为"理性经济人"所采取的应对策略。因此，我们有必要针对不同职工群体对退休年龄问题的认知差异（包括职工在现行退休年龄制度下的退休决策及其期望）进行全面了解，以期为中国延迟退休政策的调整提供一个民意参考。

（一）职工对现行退休年龄政策合理性的认知

由于现行退休年龄政策脱离当前社会经济发展和人口老龄化趋势，许多学者认为应调整现行退休年龄及养老金给付政策。然而，根据我们的调查，退休年龄政策最直接的利害关系人——广大职工的看法其实是不太一致的。从表2-6所示的调查数据中可以看到，在参与调查的职工中，48.6%的职工认为中国现行退休年龄政策是合理的（相对地，有51.4%的职工认为现行退休年龄政策存在不合理的地方）。我们进一步考察发现，在认为现行退休年龄政策不合理的职工中，33.9%的职工认为男女职工的退休年龄政策都不合理；32.3%的职工认为男性职工的退休年龄政策不合理，女性职工的退休年龄政策合理；33.8%的职工认为女性职工的退休年龄政策不合理，男性职工的退休年龄政策合理。可见，从整体上看，认为中国现行退休年龄政策不合理的职工比例略高于认为合理的职工比例，且认为女性退休年龄政策不合理的比例（67.7%）也略高于认为男性退休年龄政策不合理的比例（66.2%）。

我们继续从性别、年龄和学历三个方面分析不同职工群体对现行退休年龄政策合理性认知的差异。根据表2-6中的数据，在性别方面，男性职工认为男女退休年龄政策都合理的比例为43.8%，女性职工的这一比例比男性职工高9.4个百分点，达到53.2%，表明多数女性职工还是比较认可现行退休年龄政策的；此外，在认为现行退休年龄政策不合理的职工中，男性职工认为男性和女性职工退休年龄政策不合理的比例分别为64.2%和70.8%，女性职工认为男性和女性职工退休年龄政策不合理的比例分别为68.4%和64.1%，可见男性职工更多地认为女性职工退休年龄政策不合理，而女性职工更多地认为男性职工退休年龄政策不合理。在年龄方面，大体上，越年轻的职工认为当前退休年龄政策合理的比例越低，而在临近退休的职工里，无论男女，都有较大比例认可当前退休年龄政策（40~49岁女性职工认为退休年龄政策合理的比例为 56.6%，50~59 岁男性职工认为退休年龄政策合理的比例为 61.6%）；此外，60 岁及以上职工认为女性退休年龄政策不合理的比例高达 75%，而这里更多的是男性职工。在学历方面，认为现行退休年龄政策合理的职工比例随着学历升高从 55.3% 降至 37%，可见对当前退休年龄政策的认可度大体随着学历的上升而下降，而在认为现行退休年龄不合理的职工当中，累计 58.5% 的拥有硕士及以上学历的职工认为男性职工退休年龄政策不合理，而认为女性职工退休年龄政策不合理的比例累计高达 84.8%，这个比例在拥有博士学位的职工中更是高达 88.4%。

表 2 - 6　职工对现行退休年龄政策合理性的看法

单位：人，%

不同职工群体			合理	不合理		
				男女职工都不合理	男性职工不合理女性职工合理	男性职工合理女性职工不合理
全部职工		样本数	2905	1042	992	1039
		占比	48.6	33.9	32.3	33.8
性别	男性	样本数	1269	573	475	583
		占比	43.8	35.1	29.1	35.7
	女性	样本数	1636	469	517	456
		占比	53.2	32.5	35.9	31.6
年龄	29 岁以下	样本数	756	387	315	297
		占比	43.1	38.7	31.5	29.7
	30~39 岁	样本数	869	315	283	302
		占比	49.1	35.0	31.4	33.6
	40~49 岁	样本数	928	238	289	276
		占比	53.6	29.6	36.0	34.4
	50~59 岁	样本数	286	80	91	144
		占比	47.6	25.4	28.9	45.7
	60 岁及以上	样本数	66	22	14	20
		占比	54.1	39.3	25.0	35.7

续表

不同职工群体			合理	不合理		
				男女职工都不合理	男性职工不合理女性职工合理	男性职工合理女性职工不合理
学历	中专、高中及以下	样本数	866	246	268	185
		占比	55.3	35.2	38.3	26.5
	大专	样本数	626	214	235	252
		占比	47.2	30.5	33.5	35.9
	本科	样本数	1162	446	429	403
		占比	47.6	34.9	33.6	31.5
	硕士	样本数	190	95	48	148
		占比	39.5	32.6	16.5	50.9
	博士	样本数	61	41	12	51
		占比	37.0	39.4	11.5	49.0

我们进一步考察不同性别的不同学历职工对现行退休年龄政策看法的差异。根据表 2-7 中的调查数据，在大专及以上男性职工中，学历越高，基本上认为现行退休年龄政策合理的比例越低，而女性职工则无此规律。更具体的是，在认为现行退休年龄政策不合理的男博士职工当中，55.4% 认为男性职工退休年龄政策不合理，而认为女性职工退休年龄政策不合理的比例高达 89.2%；在认为现行退休年龄政策不合理的女博士职工当中，认为男性职工退休年龄政策不合理的比例为 40%，认为女性职工退休年龄政策不合理的比例高达 86.7%。可见，对于高学历职工来说，无论男性还是女性，都有极高的比例认为现行女性退休年龄政策是不合理的。

（二）职工对现行退休年龄政策灵活性的看法

中国现行退休年龄制度是一种缺乏弹性的制度，除了某些特殊群体职工可按相关规定提前或延迟退休外，其余职工的退休就只能按照现行政策的单一标准执行，别无他选。很显然，这种缺乏弹性

表 2－7　不同性别和学历职工对现行退休年龄政策合理性的看法

单位：人，%

性别与学历		合理	不合理		
			男女职工都不合理	男性职工不合理女性职工合理	男性职工合理女性职工不合理
男性	中专、高中及以下 样本数	404	143	142	114
	占比	50.3	35.8	35.6	28.6
	大专 样本数	265	117	108	133
	占比	42.5	32.7	30.2	37.2
	本科 样本数	470	222	194	220
	占比	42.5	34.9	30.5	34.6
	硕士 样本数	96	58	23	83
	占比	36.9	35.4	14.0	50.6
	博士 样本数	34	33	8	33
	占比	31.5	44.6	10.8	44.6
女性	中专、高中及以下 样本数	462	103	126	71
	占比	60.6	34.3	42.0	23.7
	大专 样本数	361	97	127	119
	占比	51.3	28.3	37.0	34.7
	本科 样本数	692	224	235	183
	占比	51.9	34.9	36.6	28.5
	硕士 样本数	94	37	25	65
	占比	42.5	29.1	19.7	51.2
	博士 样本数	27	8	4	18
	占比	47.4	26.7	13.3	60.0

的制度势必不受欢迎。我们的调查研究不直接询问职工对退休年龄政策灵活性的看法，而是考察职工对国际上两种退休年龄政策的灵活性设置的看法，即对"工作一定年限允许退休"和"弹性退休年龄制度"的看法。一方面，职工对这两种退休年龄设置看法的认可程度可以映射出中国退休年龄政策存在的问题；另一方面，这也为中国延迟退休改革的路径设计提供方向性参考。

1. 职工对"工作一定年限允许退休"的看法

从世界各国和各地区退休年龄制度的现状及改革经验来看，不少国家和地区规定"连续工作满一定年限（比如 25 年或 30 年）可申请退休"。中国台湾地区也有类似的规定，台湾"劳动基准法"规定，劳工正常退休的条件为满 55 岁且工作满 15 年，或者工作满25 年①。一般来说，这种政策的选择权在职工本人，职工工作满规定的年限既可以选择退休，也可以选择继续工作，相当于给了职工一个退休选择权。为了了解职工对这种政策的认可度，以便于考虑在延迟退休方案中是否加以设置，我们在调查问卷中设计了相应的问题。表 2-8 显示了对该问题的调查结果，从中可以看出，高达82.1% 的职工支持这一政策，其中，男女职工的支持率分别为80.7% 和 83.4%。另外，我们考察不同健康状况和工作压力的职工群体，结果表明，健康状况越差，对这一政策支持的比例基本上越大，而在工作压力由小逐步变大时，对这一政策的认可度呈先降后升的趋势。

表 2-8　职工对"工作一定年限允许退休"的看法

单位：人，%

不同职工群体		支持	反对
全部	样本数	4906	1072
	占比	82.1	17.9
性别	男性 样本数	2339	561
	男性 占比	80.7	19.3
	女性 样本数	2567	511
	女性 占比	83.4	16.6

① 参见台湾"劳动基准法"，台湾"劳动部"劳工保险局网站，http://www.bli.gov.tw。

续表

不同职工群体			支持	反对
健康状况	良好	样本数	3546	777
		占比	82.0	18.0
	一般	样本数	1216	264
		占比	82.2	17.8
	较差	样本数	144	31
		占比	82.3	17.7
工作压力	很小	样本数	98	18
		占比	84.5	15.5
	较小	样本数	212	39
		占比	84.5	15.5
	适中	样本数	2024	512
		占比	79.8	20.2
	较大	样本数	1740	337
		占比	83.8	16.2
	很大	样本数	832	166
		占比	83.4	16.6

2. 职工对"弹性退休年龄制度"的看法

弹性退休年龄制度是目前世界各国普遍使用的一种退休方案，目的是通过福利或待遇激励来引导职工自觉延迟退休。在中国，弹性退休年龄制度早在2011年就在上海开始试点（当时称为柔性退休制度），然而效果并不理想，原因固然是多方面的，群众对这一新兴事物的认可度也是一个不容忽视的因素。为此，我们也对该问题进行调查。根据表2-9中的调查数据，从整体上看，参与调查的62.6%的职工支持弹性退休年龄制度，30.3%表示反对，7%表示无所谓。可见，支持弹性退休年龄制度的职工仍占多数。

我们进一步从性别、健康状况、工作单位类型、职称、劳动性质和工作场所六个方面进行分析：性别方面，女性支持弹性退休年龄制度的比例略高于男性，而反对的比例则相当；健康状况方面，健康状况越好的职工支持弹性退休年龄制度的比例越高，而反对的比例则越低；工作单位类型方面，行政机关和事业单位职工对弹性退休年龄制度具有较高的支持比例（63.8%和65.7%）和较低的反对比例（30%和29.8%）；职称方面，副高级职称的职工对弹性退休年龄制度的支持比例最高（69.4%），而反对比例最高者为高级职称职工（33.9%）；劳动性质方面，脑力劳动者支持弹性退休年龄制度的比例最高（67.8%），而反对比例最高者为体力劳动者（39.1%）；工作场所方面，办公室职工支持弹性退休年龄制度的比例最高（65.5%），接着是大堂、车间等普通室内工作场所的人员（60.6%），而反对比例最高者为有毒有害恶劣环境工作场所的人员（38.3%）。

表 2-9 职工对"弹性退休年龄制度"的看法

单位：人，%

不同职工群体		支持		无所谓		反对	
		样本数	占比	样本数	占比	样本数	占比
全部职工		3743	62.6	421	7.0	1814	30.3
性别	男性	1798	62.0	221	7.6	881	30.4
	女性	1945	63.2	200	6.5	933	30.3
健康状况	良好	2795	64.7	310	7.2	1218	28.2
	一般	859	58.0	101	6.8	520	35.1
	较差	89	50.9	10	5.7	76	43.4
工作单位类型	行政机关	411	63.8	40	6.2	193	30.0
	事业单位	1046	65.7	73	4.6	474	29.8
	国有企业或国有控股企业	507	56.8	88	9.9	297	33.3
	其他类型企业	1278	62.4	159	7.8	610	29.8
	个体工商户和自由职业者	501	62.5	61	7.6	240	29.9

续表

不同职工群体		支持		无所谓		反对	
		样本数	占比	样本数	占比	样本数	占比
职称	无	1367	61.8	171	7.7	675	30.5
	初级	804	63.7	76	6.0	383	30.3
	中级	1107	61.9	123	6.9	557	31.2
	副高级	302	69.4	29	6.7	104	23.9
	高级	163	58.2	22	7.9	95	33.9
劳动性质	体力劳动	675	56.1	58	4.8	471	39.1
	脑力劳动	2656	67.8	188	4.8	1075	27.4
	脑力劳动和体力劳动兼而有之	412	48.2	175	20.5	268	31.3
工作场所	有毒有害恶劣环境	104	50.5	23	11.2	79	38.3
	普通室外	381	56.9	55	8.2	234	34.9
	大堂、车间等普通室内	1046	60.6	121	7.0	558	32.3
	办公室	2212	65.5	222	6.6	943	27.9

四　职工对延迟退休政策认知差异的描述性分析

（一）职工对延迟退休政策目的的认知

无论是理论界还是实务界，地方还是中央，对延迟退休都十分关注，目前关于延迟退休政策已不再是讨论要不要进行的问题，而是如何进行的问题。然而，对于延迟退休是基于什么政策目的，为什么现阶段势在必行，企事业单位职工是否有一致的认识，我们不得而知。因此，我们对该问题进行调查，表 2 - 10 给出了调查结果，从中我们可以看出，在所有被调查的职工中，认为当前延迟退休的原因为"养老金缺口与支付压力"和"人口老龄化"的比重较大，分别为 58.4% 和 56.8%，而其他原因如"人均寿命延长"、"缓解家庭养老压力"、"人力资源充分利用"、

"受教育年限延长"和"与时俱进"的比例分别为 39.7% 、24% 、20.8% 、16.6% 和 6.2% 。此外，调查数据也显示，对于这一问题的认识，在性别、学历、年龄方面，均无太大的差异。

表 2-10 职工对延迟退休原因的看法（多选）

单位：人，%

不同职工群体			人口老龄化	人均寿命延长	受教育年限延长	养老金缺口与支付压力	人力资源充分利用	与时俱进	缓解家庭养老压力
全部职工		样本数	3395	2371	994	3491	1245	368	1433
		占比	56.8	39.7	16.6	58.4	20.8	6.2	24.0
性别	男性	样本数	1644	1175	428	1648	604	170	613
		占比	56.7	40.5	14.8	56.8	20.8	5.9	21.1
	女性	样本数	1751	1196	566	1871	641	198	820
		占比	56.9	38.9	18.4	60.8	20.8	6.4	26.6
学历	中专、高中及以下	样本数	784	574	71	756	312	112	257
		占比	50.1	36.7	4.5	48.3	19.9	7.1	16.4
	大专	样本数	737	528	126	757	272	75	292
		占比	55.5	39.8	9.5	57.0	20.5	5.7	22.0
	本科	样本数	1466	995	290	1574	506	143	615
		占比	60.1	40.8	11.9	64.5	20.7	5.9	25.2
	硕士	样本数	305	213	59	320	124	35	134
		占比	63.4	44.3	12.3	66.5	25.8	7.3	27.9
	博士	样本数	103	61	20	112	31	3	35
		占比	62.4	37.0	12.1	67.9	18.8	1.8	21.2
年龄	29 岁以下	样本数	1072	740	260	938	461	139	565
		占比	61.1	42.2	14.8	53.4	26.3	7.9	32.2
	30~39 岁	样本数	1017	630	151	1104	327	99	383
		占比	57.5	35.6	8.5	62.4	18.5	5.6	21.7
	40~49 岁	样本数	934	687	113	1105	314	92	344
		占比	54.0	39.7	6.5	63.8	18.1	5.3	19.9

续表

不同职工群体			人口老龄化	人均寿命延长	受教育年限延长	养老金缺口与支付压力	人力资源充分利用	与时俱进	缓解家庭养老压力
年龄	50~59岁	样本数	300	249	29	306	117	33	119
		占比	49.9	41.4	4.8	50.9	19.5	5.5	19.8
	60岁及以上	样本数	72	65	13	66	26	5	22
		占比	59.0	53.3	10.7	54.1	21.3	4.1	18.0

（二）职工对延迟退休政策效应的认知

关于职工对延迟退休政策效应的认知，我们主要从延迟退休对就业的影响、对缓解养老金财务压力的作用，以及对促进人力资源利用的效果三个方面进行考察。表2-11、表2-12、表2-13分别是对上述三个方面调查的结果。根据表2-11中的数据推算，认为延迟退休将对就业造成比较大或巨大负面影响的职工比例达67.8%，仅有5.8%的职工认为延迟退休对就业没有影响或者影响比较小。我们进一步考察不同性别、不同学历和不同年龄的职工，结果表明，关于延迟退休对就业影响，各类职工的认识与上述结论也基本一致。可见，在普通职工看来，延迟退休和就业就是一对矛盾体，延迟退休将对就业产生较大负面影响。

表2-11 延迟退休对就业的影响程度

单位：人，%

不同职工群体			巨大	比较大	一般	比较小	没有影响
全部		样本数	1605	2448	1579	222	124
		占比	26.8	41.0	26.4	3.7	2.1
性别	男性	样本数	798	1143	784	118	57
		占比	27.5	39.4	27.0	4.1	2.0

不同职工群体			巨大	比较大	一般	比较小	没有影响
性别	女性	样本数	805	1306	800	104	63
		占比	26.2	42.4	26.0	3.4	2.0
学历	中专、高中及以下	样本数	401	543	508	61	52
		占比	25.6	34.7	32.5	3.9	3.3
	大专	样本数	372	533	351	45	26
		占比	28.0	40.2	26.5	3.4	2.0
	本科	样本数	688	1082	555	83	32
		占比	28.2	44.3	22.7	3.4	1.3
	硕士	样本数	101	225	127	24	4
		占比	21.0	46.8	26.4	5.0	0.8
	博士	样本数	41	66	43	9	6
		占比	24.8	40.0	26.1	5.5	3.6
年龄	29岁以下	样本数	340	771	545	77	22
		占比	19.4	43.9	31.1	4.4	1.3
	30~39岁	样本数	482	739	453	56	39
		占比	27.2	41.8	25.6	3.2	2.2
	40~49岁	样本数	581	638	409	61	42
		占比	33.6	36.9	23.6	3.5	2.5
	50~59岁	样本数	172	249	144	22	14
		占比	28.6	41.4	24.0	3.7	2.3
	60岁及以上	样本数	28	52	33	6	3
		占比	23.0	42.6	27.0	4.9	2.5

表2-12显示的是职工对延迟退休对缓解养老金财务压力作用的认识的调查结果。数据显示，44.7%的职工认为延迟退休对缓解养老金财务压力的作用一般，只有30.6%的职工认为作用较大或很大，24.7%的职工认为作用较小或没有作用。此外，对于不同性别、不同学历和不同年龄的职工而言，结论仍然认为作用一般、较小或没有作用的占较大比重。可见，大部分职工对于通过延迟退休年龄来缓解养老金财务压力的政策效果并不十分看好。

表 2 - 12　延迟退休对缓解养老金财务压力的作用

单位：人，%

不同职工群体		很大	较大	一般	较小	没有作用
全部	样本数	503	1329	2670	748	728
	占比	8.4	22.2	44.7	12.5	12.2
性别	男性 样本数	267	614	1240	399	380
	男性 占比	9.2	21.2	42.8	13.8	13.1
	女性 样本数	235	718	1429	350	346
	女性 占比	7.6	23.3	46.4	11.4	11.2
学历	中专、高中及以下 样本数	164	313	696	173	219
	中专、高中及以下 占比	10.5	20.0	44.5	11.1	14.0
	大专 样本数	113	275	567	181	191
	大专 占比	8.5	20.7	42.7	13.6	14.4
	本科 样本数	172	546	1135	319	268
	本科 占比	7.0	22.4	46.5	13.1	11.0
	硕士 样本数	39	152	203	55	32
	硕士 占比	8.1	31.6	42.2	11.4	6.7
	博士 样本数	14	46	68	21	16
	博士 占比	8.5	27.9	41.2	12.7	9.7
年龄	29岁以下 样本数	138	483	831	160	143
	29岁以下 占比	7.9	27.5	47.4	9.1	8.1
	30~39岁 样本数	149	337	799	265	219
	30~39岁 占比	8.4	19.1	45.2	15.0	12.4
	40~49岁 样本数	162	366	734	213	256
	40~49岁 占比	9.4	21.1	42.4	12.3	14.8
	50~59岁 样本数	49	115	254	88	95
	50~59岁 占比	8.2	19.1	42.3	14.6	15.8
	60岁及以上 样本数	4	31	51	23	13
	60岁及以上 占比	3.3	25.4	41.8	18.9	10.7

表 2-13 是职工对延迟退休对促进人力资源利用效果的认识的调查结果，从中我们可以发现，46% 的职工认为延迟退休年龄对于促进人力资源利用的效果一般，只有 21.8% 的职工认为效果较大或很大，而认为效果较小或没有效果的职工比例合计为 32.3%。同样地，不同性别、学历和年龄的职工对该问题的认识也与上述结论一致。

表 2-13 延迟退休对促进人力资源利用的效果

单位：人，%

不同职工群体		很大	较大	一般	较小	没有效果
全部	样本数	296	1005	2750	1068	859
	占比	5.0	16.8	46.0	17.9	14.4
性别	男性 样本数	157	494	1317	501	431
	占比	5.4	17.0	45.4	17.3	14.9
	女性 样本数	139	510	1438	563	428
	占比	4.5	16.6	46.7	18.3	13.9
学历	中专、高中及以下 样本数	116	246	715	265	223
	占比	7.4	15.7	45.7	16.9	14.2
	大专 样本数	56	222	612	235	202
	占比	4.2	16.7	46.1	17.7	15.2
	本科 样本数	93	399	1123	467	358
	占比	3.8	16.4	46.0	19.1	14.7
	硕士 样本数	24	106	225	75	51
	占比	5.0	22.0	46.8	15.6	10.6
	博士 样本数	7	31	80	22	25
	占比	4.2	18.8	48.5	13.3	15.2
年龄	29 岁以下 样本数	101	381	896	231	146
	占比	5.8	21.7	51.1	13.2	8.3
	30~39 岁 样本数	84	273	795	339	278
	占比	4.7	15.4	44.9	19.2	15.7
	40~49 岁 样本数	79	235	735	364	318
	占比	4.6	13.6	42.5	21.0	18.4
	50~59 岁 样本数	29	86	270	109	107
	占比	4.8	14.3	44.9	18.1	17.8
	60 岁及以上 样本数	3	29	59	21	10
	占比	2.5	23.8	48.4	17.2	8.2

五　职工对延迟退休态度差异的描述性分析

关于职工对于延迟退休政策的认可度，我们根据职工对延迟退休反对或支持的程度设置了五个选项：全力支持、支持、无所谓、反对、坚决反对。表 2 – 14 是对该问题的调查结果，数据显示，整体而言，对延迟退休政策表示"全力支持"、"支持"、"无所谓"、"反对"和"坚决反对"的职工的比例分别为 5.2%、16.5%、15.6% 和 25.8% 和 36.9%，如果我们将"反对"和"坚决反对"的比例进行合并，则数值达到 62.7%，这说明，就目前条件而言，大部分职工对延迟退休政策是持反对态度的。然而，从数据上看，毕竟还有 37.3% 的职工至少不反对延迟退休政策，这说明对延迟退休政策所秉持的看法或态度在不同群体职工间是存在差异的。因此，下面我们着重考察不同职工群体对延迟退休政策认可程度的差异。

表 2 – 14　职工对延迟退休政策的认可程度

单位：人，%

对延迟退休政策的认可程度		全力支持	支持	无所谓	反对	坚决反对
全部职工	样本数	313	985	930	1544	2206
	占比	5.2	16.5	15.6	25.8	36.9

（一）职工养老准备方式不同所形成的差异

养老准备是一种长期的理财规划，是职工在退休前为退休后的日常生活或改善生活所需的资金提前做出安排的一种财务规划。社会养老保险是国家为广大职工提供的一种保基本的未来养老准备，而职工要确保退休后能够拥有不变或更好的生活水平，就必须提前做好额外的退休准备，常见的方式主要有银行存款，商业养老保险，房产买卖或租赁，证券、理财等各类投资。表2-15给出了职工的退休准备偏好及延迟退休态度。

表2-15 职工的退休准备偏好及延迟退休态度

单位：人，%

退休准备（多选）			支持延迟退休	反对延迟退休	无所谓
无退休准备		样本数	2599	631	1642	326
		占比	43.5	24.3	63.2	12.5
有退休准备	银行存款	样本数	2343	868	1113	362
		占比	39.2	37.0	47.5	15.5
	商业养老保险	样本数	1221	462	566	193
		占比	20.4	37.8	46.4	15.8
	房产买卖或租赁	样本数	467	117	238	112
		占比	7.8	25.1	51.0	24.0
	证券、理财等各类投资	样本数	661	190	359	112
		占比	11.1	28.7	54.3	16.9
	其他	样本数	105	23	53	29
		占比	1.8	21.9	50.5	27.6

从表2-15中我们可以看到，在所调查的对象中，有近一半（占比为43.5%）的职工除了拥有社保外，对未来退休生活没有做任何准备，这部分职工反对延迟退休的比例高达63.2%。在退休准备方式上，选择银行存款的职工最多，比例超过三成（39.2%），说明在退休准备方式上，人们还是更偏好于传统的银行存款，其余的退休准备方式如商业养老保险的比例为20.4%，房产买卖或租赁的比例为7.8%，证券、理财等各类投资的比例为11.1%。我们发现，无论是通过银行存款、商业养老保险、房产买卖或租赁及证券、理财等各类投资，还是通过其他方式为退休做准备，职工对延迟退休的态度没有太大差别，都有半数左右反对延迟退休，其中以银行存

款和商业养老保险为退休做准备者的反对比例略低一些。当然，相比对未来退休生活没有做任何准备的人，有所准备者对延迟退休的反对比例要略小一些，这说明良好的退休规划能够在一定程度上降低职工对延迟退休政策的抵制程度。

（二）职工所在经济区域不同所形成的差异

中国四大经济区域发展水平是不同的，呈现东部发达、西部落后的格局。职工所处的经济区域不同，面临的机遇、挑战和境况也是不同的，因此对于延迟退休政策的态度也可能存在差异。表 2-16 中的数据显示，东部、中部、东北和西部地区的职工反对延迟退休的比例分别为 57.4%、57.4%、51.0% 和 51.5%。可见，总体而言，经济发达地区的职工比经济较不发达地区的职工反对延迟退休的比例要略高一些（全力支持延迟退休的比例是东部经济发达地区最低）。

表 2-16　不同经济区域职工对延迟退休政策的态度

单位：人，%

不同经济区域职工群体		全力支持	支持	无所谓	反对	坚决反对
东部地区	样本数	82	562	342	907	422
	占比	3.5	24.3	14.8	39.2	18.2
中部地区	样本数	101	365	248	642	320
	占比	6.0	21.8	14.8	38.3	19.1
东北地区	样本数	36	210	32	247	42
	占比	6.3	37.0	5.6	43.6	7.4
西部地区	样本数	95	374	221	458	272
	占比	6.7	26.3	15.6	32.3	19.2

（三）职工个体特质因素不同所形成的差异

在考察基于个体特质因素形成的不同职工群体对延迟退休政策

的反对态度时，我们将"反对"和"坚决反对"的数据进行合并。根据表 2 – 17，性别方面，男性职工反对延迟退休的比例为 52.8%，女性的比例为 57.7%，女性职工的比例略高于男性。年龄方面，由低到高年龄段职工反对延迟退休的比例分别为 45.7%、60.4%、61.4%、53.3% 和 48.3%，从表面上看，年龄与职工延迟退休态度之间的关系并非一致的线性关系，然而我们深入分析后发现，从整体上看，在职职工反对延迟退休的比例应该是随着年龄的增加而提高的，之所以在 50 岁以后反对比例会有小幅下降，原因在于这个年龄段有一部分职工已经退休，退休者由于并非直接的利益关系者而不那么抵触延迟退休政策，这从常理上容易理解。健康方面，良好、一般和较差者反对延迟退休的比例分别为 52.5%、62.9% 和 62.3%，可见，基本上，身体状况越差，就越反对延迟退休。婚姻状况方面，有配偶的职工反对延迟退休的比例为 59.3%，比无配偶（未婚、离异未再婚、丧偶未再婚）的职工高 13.7 个百分点，对于支持的比例，有配偶的职工比无配偶的职工低 9.2 个百分点；家庭负担方面，从整体趋势来看，反对延迟退休的职工比例随着家庭需要供养人数的增加而升高。学历方面，拥有本科学历的职工反对延迟退休的比例高于其他学历层次，反对延迟退休的比例随着学历的升高总体上呈现先升后降的趋势。退休准备方面，对未来退休没有任何准备的职工反对延迟退休的比例为 63.2%，比有准备的职工高 13.8 个百分点，对于支持延迟退休的比例，有退休准备的职工比无退休准备的职工高 11.1 个百分点。

表 2 – 17　基于个体特质因素形成的不同职工群体对延迟退休政策的态度

单位：人，%

不同职工群体			全力支持	支持	无所谓	反对	坚决反对
性别	男性	样本数	183	804	380	1019	514
		占比	6.3	27.7	13.1	35.1	17.7
	女性	样本数	131	707	463	1235	542
		占比	4.3	23.0	15.0	40.1	17.6

续表

不同职工群体			全力支持	支持	无所谓	反对	坚决反对
年龄	29 岁以下	样本数	116	538	299	604	198
		占比	6.6	30.7	17.0	34.4	11.3
	30~39 岁	样本数	76	423	203	714	353
		占比	4.3	23.9	11.5	40.4	20.0
	40~49 岁	样本数	76	355	238	647	415
		占比	4.4	20.5	13.7	37.4	24.0
	50~59 岁	样本数	32	160	89	236	84
		占比	5.3	26.6	14.8	39.3	14.0
	60 岁及以上	样本数	14	35	14	53	6
		占比	11.5	28.7	11.5	43.4	4.9
健康状况	良好	样本数	254	1133	665	1570	701
		占比	5.9	26.2	15.4	36.3	16.2
	一般	样本数	51	332	167	602	328
		占比	3.4	22.4	11.3	40.7	22.2
	较差	样本数	9	46	11	82	27
		占比	5.1	26.3	6.3	46.9	15.4
婚姻状况	有配偶	样本数	205	985	545	1676	852
		占比	4.8	23.1	12.8	39.3	20.0
	无配偶	样本数	109	526	298	578	204
		占比	6.4	30.7	17.4	33.7	11.9
家庭负担	负担 0 个人（自己）	样本数	95	420	246	507	137
		占比	6.8	29.9	17.5	36.1	9.8
	负担 1 个人	样本数	133	641	301	881	436
		占比	5.6	26.8	12.6	36.8	18.2
	负担 2 个人	样本数	69	374	232	707	359
		占比	4.0	21.5	13.3	40.6	20.6
	负担 3 个人及以上	样本数	17	76	64	159	124
		占比	3.9	17.3	14.5	36.1	28.2

续表

不同职工群体		全力支持	支持	无所谓	反对	坚决反对
学历	中专、高中及以下 样本数	98	354	304	559	250
	占比	6.3	22.6	19.4	35.7	16.0
	大专 样本数	59	372	154	509	233
	占比	4.4	28.0	11.6	38.4	17.6
	本科 样本数	117	576	284	962	501
	占比	4.8	23.6	11.6	39.4	20.5
	硕士 样本数	28	153	78	173	49
	占比	5.8	31.8	16.2	36.0	10.2
	博士 样本数	12	56	23	51	23
	占比	7.3	33.9	13.9	30.9	13.9
退休准备	有退休准备 样本数	201	993	517	1154	514
	占比	5.9	29.4	15.3	34.2	15.2
	无退休准备 样本数	113	518	326	1100	542
	占比	4.3	19.9	12.5	42.3	20.9

下面我们再考察两个个体特质因素复合下的不同职工群体对延迟退休政策的态度。我们对问卷调查中关于退休年龄政策态度的选项做一个调整，即将调查结果中对延迟退休政策"全力支持"和"支持"合并为"支持"，将"坚决反对"和"反对"合并为"反对"，得到表2-18中的数据。对比不同职工群体的数据，在男性职工中，60岁及以上职工、只负担自己生活（负担0个人）的职工、拥有博士学历的职工、处于领导岗位的职工和拥有初级职称的职工相比其他职工群体支持延迟退休的比例相对较高，而女性职工中，支持延迟退休比例较高的职工群体分别为29岁以下职工、只负担自己生活（负担0个人）的职工、拥有硕士学历的职工、处于领导岗位的职工和拥有初级职称的职工；从反对延迟退休方面来看，无论男性还是女性，反对比例较高的都集中于30~49岁职工、负担2个人以上的职工、本科学历职工、非领导岗位职工和中级职称职工。可见，无论男性还是女性，对于延迟退休的态度，随着年龄、家庭负担、学历或职称的上升，都没有呈现明显趋势化的特征。

表 2-18　两个个体特质因素复合下的不同职工群体
对延迟退休政策的态度

单位：人，%

不同职工群体			男性			女性		
			支持	无所谓	反对	支持	无所谓	反对
年龄	29 岁以下	样本数	305	125	311	349	174	491
		占比	41.2	16.9	42.0	34.4	17.2	48.4
	30~39 岁	样本数	276	76	495	223	127	572
		占比	32.6	9.0	58.4	24.2	13.8	62.0
	40~49 岁	样本数	244	114	483	187	124	579
		占比	29.0	13.6	57.4	21.0	13.9	65.1
	50~59 岁	样本数	128	56	211	64	33	109
		占比	32.4	14.2	53.4	31.1	16.0	52.9
	60 岁及以上	样本数	34	9	33	15	5	26
		占比	44.7	11.8	43.4	32.6	10.9	56.5
家庭负担	负担 0 个人（自己）	样本数	257	105	253	258	141	391
		占比	41.8	17.1	41.1	32.7	17.8	49.5
	负担 1 个人	样本数	404	128	589	370	173	728
		占比	36.0	11.4	52.5	29.1	13.6	57.3
	负担 2 个人	样本数	269	114	529	174	118	537
		占比	29.5	12.5	58.0	21.0	14.2	64.8
	负担 3 个人及以上	样本数	57	33	162	36	31	121
		占比	22.6	13.1	64.3	19.1	16.5	64.4
学历	中专、高中及以下	样本数	246	142	415	206	162	394
		占比	30.6	17.7	51.7	27.0	21.3	51.7
	大专	样本数	238	71	314	193	83	428
		占比	38.2	11.4	50.4	27.4	11.8	60.8
	本科	样本数	352	124	630	341	160	833
		占比	31.8	11.2	57.0	25.6	12.0	62.4
	硕士	样本数	100	33	127	81	45	95
		占比	38.5	12.7	48.8	36.7	20.4	43.0
	博士	样本数	51	10	47	17	13	27
		占比	47.2	9.3	43.5	29.8	22.8	47.4
工作岗位类别	领导	样本数	288	78	314	148	85	237
		占比	42.4	11.5	46.2	31.5	18.1	50.4
	非领导	样本数	699	302	1219	690	378	1540
		占比	31.5	13.6	54.9	26.5	14.5	59.0

续表

不同职工群体			男性			女性		
			支持	无所谓	反对	支持	无所谓	反对
职称	无	样本数	297	167	485	325	220	719
		占比	31.3	17.6	51.1	25.7	17.4	56.9
	初级	样本数	228	62	289	207	90	387
		占比	39.4	10.7	49.9	30.3	13.2	56.6
	中级	样本数	303	100	535	228	107	514
		占比	32.3	10.7	57.0	26.9	12.6	60.5
	副高级	样本数	94	33	135	49	28	96
		占比	35.9	12.6	51.5	28.3	16.2	55.5
	高级	样本数	65	18	89	29	18	61
		占比	37.8	10.5	51.7	26.9	16.7	56.5

（四）职工工作特质因素不同所形成的差异

在考察基于工作特质因素形成的不同职工群体对延迟退休政策的反对态度时，我们同样将"反对"和"坚决反对"的数据进行合并。根据表2－19中的数据，在职业状态方面，"在工作，且五年内不会退休""在工作，且五年内将退休""已退休（离休）"的职工反对延迟退休的比例分别为55.5%、57.3%和47%，而支持延迟退休的比例分别为30.3%、30.5%和39.2%，可见在职职工比退休职工更加反对延迟退休，并且随着退休的临近，职工反对延迟退休的态度有些许强化；在收入方面，不同收入水平的职工对延迟退休的态度没有明显的规律性，从数据来看，月收入为3000～5000元的低收入职工最反对延迟退休政策（比例为58.2%），而月收入为5000～10000元的中等收入职工反对的比例最低（为50.6%）；在行业方面，医药卫生业的职工反对延迟退休的比例为65.2%，列所有行业之首，而反对比例最低的是批发零售业（为45.5%）；在工作单位类型方面，国有企业或国有控股企业职工对延迟退休政策最为抵触（比例为 64.9%），个体工商户和自由职业者反对延迟退休的比例最小（为 41.1%）；在职称方面，反对延迟退休的比例最高的是中级职称（比例为 58.7%），最低的是副高级职称（为 53.1%），并且职称的高低与职工的延迟退休意愿之间并无明显的趋势对应关系；在劳动性质方面，体力劳动者反对延迟退休的比例为 54.9%，略低于脑力劳动者（为 55.8%），而从事的工作兼具体力和脑力劳动的职工反对延迟退休的比例最低（为 54.3%），表明劳动性质与职工的延迟退休意愿之间也无明显的趋势对应关系；工作岗位类别方面，领导岗位职工反对延迟退休的比例比非领导岗位少了 9.3 个百分点，而支持延迟退休的比例增加了 9.3 个百分点，说明非领导岗位的职工更加反对延迟退休；在工作场所方面，身处有毒有害恶劣环境工作的职工反对延迟退休的比例最大（为 64.1%）。

表 2-19　基于工作特质因素形成的不同职工群体对延迟退休政策的态度

单位：人，%

不同职工群体			全力支持	支持	无所谓	反对	坚决反对
职业状态	在工作，且五年内不会退休	样本数	275	1359	770	2012	987
		占比	5.1	25.2	14.3	37.2	18.3
	在工作，且五年内将退休	样本数	22	98	48	168	58
		占比	5.6	24.9	12.2	42.6	14.7
	已退休（离休）	样本数	17	54	25	74	11
		占比	9.4	29.8	13.8	40.9	6.1
月收入	3000 元以下	样本数	96	400	251	684	260
		占比	5.7	23.7	14.8	40.4	15.4
	3000~5000 元	样本数	112	583	301	944	442
		占比	4.7	24.5	12.6	39.6	18.6
	5000~10000 元	样本数	77	418	222	474	262
		占比	5.3	28.8	15.3	32.6	18.0
	10000~15000 元	样本数	9	58	34	85	45
		占比	3.9	25.1	14.7	36.8	19.5
	15000 元以上	样本数	20	52	35	67	47
		占比	9.0	23.5	15.8	30.3	21.3

不同职工群体			全力支持	支持	无所谓	反对	坚决反对
工作单位类型	行政机关	样本数	48	221	92	202	81
		占比	7.5	34.3	14.3	31.4	12.6
	事业单位	样本数	56	324	206	614	393
		占比	3.5	20.3	12.9	38.5	24.7
	国有企业或国有控股企业	样本数	26	217	70	395	184
		占比	2.9	24.3	7.8	44.3	20.6
	其他类型企业	样本数	125	499	311	822	290
		占比	6.1	24.4	15.2	40.2	14.2
	个体工商户和自由职业者	样本数	59	250	164	221	108
		占比	7.4	31.2	20.4	27.6	13.5
所处行业	能源、勘探、矿业	样本数	18	54	28	110	66
		占比	6.5	19.6	10.1	39.9	23.9
	公共管理、社会组织	样本数	49	199	93	211	105
		占比	7.5	30.3	14.2	32.1	16.0
	房地产、建筑业	样本数	24	104	66	146	61
		占比	6.0	25.9	16.5	36.4	15.2
	邮政、交通运输业	样本数	11	75	25	92	35
		占比	4.6	31.5	10.5	38.7	14.7
	金融、租赁与商业服务业	样本数	28	188	91	273	92
		占比	4.2	28.0	13.5	40.6	13.7
	教育、科研与培训业	样本数	42	258	138	415	242
		占比	3.8	23.6	12.6	37.9	22.1
	批发零售业	样本数	33	155	63	154	55
		占比	7.2	33.7	13.7	33.5	12.0
	医药卫生业	样本数	16	85	50	174	109
		占比	3.7	19.6	11.5	40.1	25.1
	软件与信息产业	样本数	16	43	28	53	23
		占比	9.8	26.4	17.2	32.5	14.1
	制造业	样本数	35	170	99	352	122
		占比	4.5	21.9	12.7	45.2	15.7
	其他行业	样本数	42	180	162	274	146
		占比	5.2	22.4	20.1	34.1	18.2

续表

不同职工群体			全力支持	支持	无所谓	反对	坚决反对
职称	无	样本数	109	513	387	846	358
		占比	4.9	23.2	17.5	38.2	16.2
	初级	样本数	73	362	152	480	196
		占比	5.8	28.7	12.0	38.0	15.5
	中级	样本数	82	449	207	683	366
		占比	4.6	25.1	11.6	38.2	20.5
	副高级	样本数	25	118	61	146	85
		占比	5.7	27.1	14.0	33.6	19.5
	高级	样本数	25	69	36	99	51
		占比	8.9	24.6	12.9	35.4	18.2
劳动性质	体力劳动	样本数	60	223	260	405	256
		占比	5.0	18.5	21.6	33.6	21.3
	脑力劳动	样本数	220	933	581	1386	799
		占比	5.6	23.8	14.8	35.4	20.4
	体力劳动和脑力劳动兼而有之	样本数	34	355	2	463	1
		占比	4.0	41.5	0.2	54.2	0.1
工作岗位类别	领导	样本数	95	341	163	377	174
		占比	8.3	29.7	14.2	32.8	15.1
	非领导	样本数	219	1170	680	1877	882
		占比	4.5	24.2	14.1	38.9	18.3
工作场所	有毒有害恶劣环境	样本数	16	42	16	82	50
		占比	7.8	20.4	7.8	39.8	24.3
	普通室外	样本数	38	174	114	241	103
		占比	5.7	26.0	17.0	36.0	15.4
	大堂、车间等普通室内	样本数	71	439	285	636	294
		占比	4.1	25.4	16.5	36.9	17.0
	办公室	样本数	189	856	428	1295	609
		占比	5.6	25.3	12.7	38.3	18.0

此外，在调查中，我们发现了一个和我们通常的理解相左的情况，即在统计前，我们一般认为高级职称的专家学者或者高级技术人员（如高级工程师等），为了使自己的人力资本得到更充分的运用和发挥，应该是比较支持延迟退休的，然而我们的调查结果并非如

此，高级职称的专家学者与高级技术人员反对延迟退休的比例在各行业中都是比较高的，其中，国有企业或国有控股企业中的高级职称人员反对延迟退休的比例最高（达到 65.5%），接着是事业单位中的高级职称人员（达到 55.6%）。我们深入思考，其实也不难理解，高级职称人员的人力资本价值相对较高，在人力资源市场上更易受到青睐，退休后，他们在没有原单位人事关系束缚的情况下，容易重新找到人力资本回报更大的工作或岗位，因此反对延迟退休也是"理性经济人"的必然考量。

我们进一步考察两个工作特质因素复合下的不同职工群体对延迟退休政策的态度。根据表 2-20 中的数据，我们发现，行政机关中的领导岗位职工以及初级职称的职工，其他类型企业中的副高级职称职工，支持延迟退休的比例均不低于反对的比例。如果将对延迟退休政策持"无所谓"态度的职工比例与持"支持"态度的职工比例合并为"不反对"，则对延迟退休政策"不反对"的比例最高的为行政机关中的领导岗位职工，达到 67.7%，接着为行政机关中的初级（63.8%）、中级（61.6%）和副高级（61.6%）职称职工。由此可见，相比其他类型单位，在行政机关中推行延迟退休政策受到的阻力是最小的。

表 2-20　两个工作特质因素复合下的不同职工群体对延迟退休政策的态度

单位：人，%

不同职工群体			工作岗位类别		职称				
			领导	非领导	无	初级	中级	副高级	高级
行政机关	支持	样本数	100	169	89	65	90	10	15
		占比	52.9	37.1	32.5	50.0	49.5	38.5	46.9
	无所谓	样本数	28	64	43	18	22	6	3
		占比	14.8	14.1	15.7	13.8	12.1	23.1	9.4
	反对	样本数	61	222	142	47	70	10	14
		占比	32.3	48.8	51.8	36.2	38.5	38.5	43.8

续表

不同职工群体			工作岗位类别		职称				
			领导	非领导	无	初级	中级	副高级	高级
事业单位	支持	样本数	67	313	52	85	144	70	29
		占比	33.7	22.5	24.6	26.2	20.7	25.8	32.2
	无所谓	样本数	23	183	33	39	86	38	11
		占比	11.6	13.1	15.6	12.0	12.2	14.0	12.2
	反对	样本数	109	898	126	201	467	163	50
		占比	54.8	64.4	59.7	61.8	67.1	60.1	55.6
国有企业或国有控股企业	支持	样本数	51	192	71	64	74	21	13
		占比	32.1	26.2	26.9	31.5	24.4	32.8	22.4
	无所谓	样本数	23	47	19	15	19	10	7
		占比	14.5	6.4	7.2	7.4	6.3	15.6	12.1
	反对	样本数	85	494	174	124	210	33	38
		占比	53.5	67.4	65.9	61.1	69.3	51.6	65.5
其他类型企业	支持	样本数	151	473	246	177	145	28	28
		占比	33.1	29.7	24.7	35.8	34.3	50.9	35.9
	无所谓	样本数	65	246	192	57	44	6	12
		占比	14.3	15.5	19.3	11.5	10.4	10.9	15.4
	反对	样本数	240	872	558	261	234	21	38
		占比	52.6	54.8	56.0	52.7	55.3	38.2	48.7

（五）职工对工作主观感受不同所形成的差异

在这里，我们仅从数据的描述性分析层面考察对工作主观感受不同所形成的不同职工群体对延迟退休政策的态度。从表 2 - 21 中的数据可见，对于当前所从事的工作或所处工作岗位的喜欢程度从很喜欢到很不喜欢依次变化的五类职工群体，反对或坚决反对延迟退休的比例分别为 41.6%、48.6%、60.5%、68.4% 和 82.9%，支持或全力支持的比例分别为 39.5%、36.6%、26%、21.8% 和 11.7%，可见职工对当前所从事的工作或所处工作岗位越喜欢，就越认可延迟退休政策，反之，如果工作压力越大、对工作环境或工资福利待遇越不满意，就越反对延迟退休政策。

表 2-21　对工作主观感受不同形成的不同职工群体对延迟退休政策的态度

单位：人，%

不同职工群体			全力支持	支持	无所谓	反对	坚决反对
职工对当前所从事的工作或所处工作岗位的喜欢程度	很喜欢	样本数	75	135	101	136	85
		占比	14.1	25.4	19.0	25.6	16.0
	喜欢	样本数	122	666	320	744	305
		占比	5.7	30.9	14.8	34.5	14.1
	一般	样本数	104	646	387	1175	572
		占比	3.6	22.4	13.4	40.7	19.8
	不喜欢	样本数	9	55	29	132	69
		占比	3.1	18.7	9.9	44.9	23.5
	很不喜欢	样本数	4	9	6	67	25
		占比	3.6	8.1	5.4	60.4	22.5
职工对当前工作压力的主观感受	很大	样本数	55	166	109	400	268
		占比	5.5	16.6	10.9	40.1	26.9
	较大	样本数	111	553	246	811	356
		占比	5.3	26.6	11.8	39.0	17.1
	适中	样本数	128	691	414	916	387
		占比	5.0	27.2	16.3	36.1	15.3
	较小	样本数	12	69	49	96	25
		占比	4.8	27.5	19.5	38.2	10.0
	很小	样本数	8	32	25	31	20
		占比	6.9	27.6	21.6	26.7	17.2

续表

不同职工群体			全力支持	支持	无所谓	反对	坚决反对
职工对工作环境的满意程度	很满意	样本数	63	111	73	102	56
		占比	15.6	27.4	18.0	25.2	13.8
	满意	样本数	141	724	374	810	354
		占比	5.9	30.1	15.6	33.7	14.7
	一般	样本数	89	592	356	1118	516
		占比	3.3	22.2	13.3	41.9	19.3
	不满意	样本数	17	79	33	164	92
		占比	4.4	20.5	8.6	42.6	23.9
	很不满意	样本数	4	5	7	60	38
		占比	3.5	4.4	6.1	52.6	33.3
职工对工资福利待遇的满意程度	很满意	样本数	49	58	35	40	33
		占比	22.8	27.0	16.3	18.6	15.3
	满意	样本数	105	404	245	413	163
		占比	7.9	30.4	18.4	31.1	12.3
	一般	样本数	118	810	449	1198	518
		占比	3.8	26.2	14.5	38.7	16.7
	不满意	样本数	32	214	101	476	262
		占比	2.9	19.7	9.3	43.9	24.1
	很不满意	样本数	10	25	13	127	80
		占比	3.9	9.8	5.1	49.8	31.4

（六）职工支持延迟退休的先决条件

目前，延迟退休已然成为定局，无论是理论界、实务界，还是广大企事业单位职工，最为关注的都莫过于延迟退休的方式。我们认为，延迟退休改革不是简单地延迟退休年龄，而是一个涉及社会经济各个领域、各个阶层的系统性大工程，在政策改革之前、之中和之后都要有相应的配套措施改革及保障机制，这是退休年龄改革得以顺利进行的保证。

基于此，我们对职工反对延迟退休政策的原因和支持延迟退休政策的先决条件都进行了调查，所得的结论将为退休年龄政策调整前进行相关配套改革提供方向和民意参考。表2-22给出了职工反对延迟退休政策的原因的调查结果，数据显示，64.6%的职工反对延迟退休源自对身体健康状况的考虑，担心"随着年龄增长，身体状况愈差"；34.6%的职工反对的原因是"工作环境不好，工作压力大"，有种"尽快逃离工作岗位"的潜意识或想法；38.7%的职工认为延迟退休年龄会使"缴费年限增加，领取年限减少"，不划算；20.3%的职工反对延迟退休是认为"早退休可一边领养老金，一边就业"。

表 2-22 职工反对延迟退休政策的原因（多选）

单位：人，%

不同职工群体		随着年龄增长，身体状况愈差		工作环境不好，工作压力大		缴费年限增加，领取年限减少		早退休可一边领养老金，一边就业	
		样本数	占比	样本数	占比	样本数	占比	样本数	占比
全部职工		3864	64.6	2069	34.6	2313	38.7	1216	20.3
性别	男性	1777	61.3	1053	36.3	1147	39.6	625	21.6
	女性	2087	67.8	1016	33.0	1166	37.9	591	19.2
健康状况	良好	2720	62.9	1432	33.1	1750	40.5	946	21.9
	一般	1031	69.7	554	37.4	511	34.5	245	16.6
	较差	113	64.6	83	47.4	52	29.7	25	14.3
年龄	29 岁以下	1106	63.0	657	37.4	695	39.6	358	20.4
	30~39 岁	1117	63.1	607	34.3	750	42.4	370	20.9
	40~49 岁	1164	67.2	575	33.2	616	35.6	342	19.8
	50~59 岁	402	66.9	186	30.9	208	34.6	117	19.5
	60 岁及以上	75	61.5	44	36.1	44	36.1	29	23.8
家庭负担	负担 0 个人（自己）	863	61.4	480	34.2	554	39.4	290	20.6
	负担 1 个人	1487	62.2	789	33.0	900	37.6	494	20.7
	负担 2 个人	1178	67.7	646	37.1	686	39.4	343	19.7
	负担 3 个人及以上	336	76.4	154	35.0	173	39.3	89	20.2

续表

不同职工群体		随着年龄增长，身体状况愈差		工作环境不好，工作压力大		缴费年限增加，领取年限减少		早退休可一边领养老金，一边就业	
		样本数	占比	样本数	占比	样本数	占比	样本数	占比
学历	中专、高中及以下	988	63.1	585	37.4	540	34.5	299	19.1
	大专	877	66.1	429	32.3	525	39.6	294	22.2
	本科	1628	66.7	892	36.6	949	38.9	455	18.6
	硕士	280	58.2	124	25.8	227	47.2	124	25.8
	博士	91	55.2	39	23.6	72	43.6	44	26.7
工作单位类型	行政机关	408	63.4	215	33.4	220	34.2	159	24.7
	事业单位	1158	72.7	569	35.7	513	32.2	287	18.0
	国有企业或国有控股企业	598	67.0	256	28.7	392	43.9	183	20.5
	其他类型企业	1239	60.5	719	35.1	905	44.2	427	20.9
	个体工商户和自由职业者	461	57.5	310	38.7	283	35.3	160	20.0
职称	无	1467	66.3	735	33.2	880	39.8	439	19.8
	初级	779	61.7	446	35.3	476	37.7	292	23.1
	中级	1135	63.5	645	36.1	724	40.5	344	19.3
	副高级	292	67.1	149	34.3	149	34.3	85	19.5
	高级	191	68.2	94	33.6	84	30.0	56	20.0
劳动性质	体力劳动	782	65.0	512	42.5	387	32.1	203	16.9
	脑力劳动	2521	64.3	1249	31.9	1559	39.8	812	20.7
	体力劳动和脑力劳动兼而有之	561	65.6	308	36.0	367	42.9	201	23.5
工作场所	有毒有害恶劣环境	130	63.1	110	53.4	50	24.3	35	17.0
	普通室外	417	62.2	267	39.9	247	36.9	116	17.3
	大堂、车间等普通室内	1082	62.7	701	40.6	643	37.3	316	18.3
	办公室	2235	66.2	991	29.3	1373	40.7	749	22.2

　　我们进一步从性别、健康状况、年龄、家庭负担、学历、工作单位类型、职称、劳动性质和工作场所九个方面的不同属性来研究分析职工反对延迟退休的原因,所得结果与上述整体的结论也基本一致,几个因素对延迟退休影响程度的排序也基本不变:首先考虑身体健康因素而反对延迟退休的占比都是最高的;其次是认为延迟退休后将造成社会养老保险多缴少领,不划算;再次是工作压力或工作强度大、工作环境不好;最后是考虑早退休可以一边领养老金,一边再就业。此外,在问卷调查中,部分职工反对延迟退休除了上述四个原因之外,还给出了其他原因,比如希望将更多时间留予家庭、担心延迟退休后老年人再就业会更难、担心延迟退休会挤占年轻人的就业空间等。

　　表 2-23 是对职工支持延迟退休政策的先决条件的调查结果,表 2-23 中的数据实际上给出了退休年龄调整前如何进行配套改革的方向建议。总体而言,48.4% 的职工认为在对工作待遇和环境比较满意的情况下,会支持延迟退休;36.9% 的职工认为临近退休时只要还有工作能力,就会支持延迟退休;42.3% 的职工认为只要从事自己喜欢的工作,对延迟退休就不会抵触;28.7% 的职工考虑的是各项工作权益得到充分保障(比如,带薪休假制度等);10.7% 的职工要求社保制度透明,养老金清楚明了。

表 2-23　职工支持延迟退休政策的先决条件(多选)

单位:人,%

不同职工群体		对工作待遇和环境比较满意	只要还有工作能力	从事自己喜欢的工作	各项工作权益得到充分保障	社保制度透明,养老金清楚明了
全部职工	样本数	2892	2205	2530	1716	638
	占比	48.4	36.9	42.3	28.7	10.7
性别	男性 样本数	1387	1039	1288	814	337
	男性 占比	47.8	35.8	44.4	28.1	11.6
	女性 样本数	1505	1166	1242	902	301
	女性 占比	48.9	37.9	40.4	29.3	9.8

续表

不同职工群体			对工作待遇和环境比较满意	只要还有工作能力	从事自己喜欢的工作	各项工作权益得到充分保障	社保制度透明,养老金清楚明了
健康状况	良好	样本数	2125	1572	1908	1234	461
		占比	49.2	36.4	44.1	28.5	10.7
	一般	样本数	687	569	557	430	147
		占比	46.4	38.4	37.6	29.1	9.9
	较差	样本数	80	64	65	52	30
		占比	45.7	36.6	37.1	29.7	17.1
年龄	29 岁以下	样本数	919	603	826	506	189
		占比	52.4	34.4	47.1	28.8	10.8
	30~39 岁	样本数	918	587	739	502	232
		占比	51.9	33.2	41.8	28.4	13.1
	40~49 岁	样本数	735	707	635	495	143
		占比	42.5	40.8	36.7	28.6	8.3
	50~59 岁	样本数	258	255	269	173	58
		占比	42.9	42.4	44.8	28.8	9.7
	60 岁及以上	样本数	62	53	61	40	16
		占比	50.8	43.4	50.0	32.8	13.1
家庭负担	负担 0 个人(自己)	样本数	707	493	671	393	153
		占比	50.3	35.1	47.8	28.0	10.9
	负担 1 个人	样本数	1127	827	992	667	257
		占比	47.1	34.6	41.5	27.9	10.7
	负担 2 个人	样本数	854	682	699	535	202
		占比	49.1	39.2	40.1	30.7	11.6
	负担 3 个人及以上	样本数	204	203	168	121	26
		占比	46.4	46.1	38.2	27.5	5.9
学历	中专、高中及以下	样本数	789	607	564	405	151
		占比	50.4	38.8	36.0	25.9	9.6
	大专	样本数	631	478	552	446	164
		占比	47.6	36.0	41.6	33.6	12.4
	本科	样本数	1178	908	1098	720	246
		占比	48.3	37.2	45.0	29.5	10.1

续表

不同职工群体			对工作待遇和环境比较满意	只要还有工作能力	从事自己喜欢的工作	各项工作权益得到充分保障	社保制度透明,养老金清楚明了
学历	硕士	样本数	221	156	258	118	60
		占比	45.9	32.4	53.6	24.5	12.5
	博士	样本数	73	56	88	27	17
		占比	44.2	33.9	53.3	16.4	10.3
工作单位类型	行政机关	样本数	249	235	317	218	60
		占比	38.7	36.5	49.2	33.9	9.3
	事业单位	样本数	692	703	676	439	116
		占比	43.4	44.1	42.4	27.6	7.3
	国有企业或国有控股企业	样本数	486	273	353	289	136
		占比	54.5	30.6	39.6	32.4	15.2
	其他类型企业	样本数	1127	664	866	600	262
		占比	55.1	32.4	42.3	29.3	12.8
	个体工商户和自由职业者	样本数	338	330	318	170	64
		占比	42.1	41.1	39.7	21.2	8.0
职称	无	样本数	1095	804	946	656	230
		占比	49.5	36.3	42.7	29.6	10.4
	初级	样本数	663	429	512	378	149
		占比	52.5	34.0	40.5	29.9	11.8
	中级	样本数	819	669	757	511	195
		占比	45.8	37.4	42.4	28.6	10.9
	副高级	样本数	191	189	205	103	35
		占比	43.9	43.4	47.1	23.7	8.0
	高级	样本数	124	114	110	68	29
		占比	44.3	40.7	39.3	24.3	10.4
劳动性质	体力劳动	样本数	610	476	405	309	64
		占比	50.7	39.5	33.6	25.7	5.3
	脑力劳动	样本数	1817	1478	1704	1061	315
		占比	46.4	37.7	43.5	27.1	8.0

续表

不同职工群体			对工作待遇和环境比较满意	只要还有工作能力	从事自己喜欢的工作	各项工作权益得到充分保障	社保制度透明，养老金清楚明了
劳动性质	体力劳动和脑力劳动兼而有之	样本数	465	251	421	346	259
		占比	54.4	29.4	49.2	40.5	30.3
工作场所	有毒有害恶劣环境	样本数	94	83	65	62	31
		占比	45.6	40.3	31.6	30.1	15.0
	普通室外	样本数	343	244	282	173	57
		占比	51.2	36.4	42.1	25.8	8.5
	大堂、车间等普通室内	样本数	820	680	677	456	156
		占比	47.5	39.4	39.2	26.4	9.0
	办公室	样本数	1635	1198	1506	1025	394
		占比	48.4	35.5	44.6	30.4	11.7

　　我们进一步分析发现，职工支持延迟退休政策所考虑的先决条件中，主要集中在"对工作待遇和环境比较满意"和"从事自己喜欢的工作"两个条件。其中，50～59岁职工、硕士及以上学历的职工、行政机关职工、副高级职称职工考虑最多的是是否"从事自己喜欢的工作"，其他大部分职工较看重的是"工作待遇和环境"。

　　此外，我们也通过调查数据整理出反对延迟退休的职工对于支持延迟退休先决条件的选择情况，结果如表2-24所示，从中我们可以看到，只要先决条件满足，就会有一定比例的原先反对延迟退休的职工转而支持延迟退休。比如，对工作待遇和环境比较满意，则有将近一半（48.3%）的原先反对延迟退休职工转而支持延迟退休；如果工资福利待遇、工作环境都能有较大改善，并且职工各项工作权益（比如各类带薪假的切实落实）也能得到充分保障，社会保障制度透明，养老金清楚明了，则原先反对延迟退休的职工转而支持的比例将进一步提高。

表2-24　延迟退休反对者转而支持的先决条件（多选）

单位：人，%

反对延迟退休的职工	对工作待遇和环境比较满意	只要还有工作能力	从事自己喜欢的工作	各项工作权益得到充分保障	社保制度透明，养老金清楚明了
样本数	1598	1067	1277	1056	412
占比	48.3	32.2	38.6	31.9	12.4

（七）职工对延迟退休方式的看法与态度

1. 职工对男女同龄退休的态度

关于男女同龄或差龄退休是进行延迟退休改革一个无法回避的问题。从国际范围来看，无论是发达国家，还是发展中国家，实行男女同龄退休和差龄退休的都有，实行男女同龄退休主要是基于女性寿命高于男性和人力资源充分利用的原因，实行男女差龄退休更多的是考虑到女性在家庭中往往承担更多的责任。在中国，目前实行的是男女差龄退休政策，即男性法定退休年龄要高于女性，而延迟退休后，究竟继续实行差龄政策，还是改为同龄政策，理论界众说纷纭。对此问题，我们利用问卷调查数据，选择性别、家庭负担和学历三个因素进行分析。由表2-25中的调查结果可知，整体上看，反对男女同龄退休的职工比例为61.0%，明显高于支持的比例（39.0%），说明广大职工普遍都不支持男女同龄退休，我们进一步考察性别差异、学历差异和家庭负担差异的影响，结论也是一致的，即反对者多于支持者。这样的结论或许和中国几千年来形成的家庭结构和功能组成是相关的，虽然现在女性在社会大生产过程中也扮演着不可或缺的角色，男女平等已成为社会的普遍共识，然而女性应该把更多的时间留予家庭的观念在许多传统家庭中仍然存在，涉及退休问题，便是期望女性能够比男性更早退休，从而回归家庭角色。

表 2 - 25　职工对男女同龄退休的态度（1）

单位：人，%

不同职工群体		支持		反对	
		样本数	占比	样本数	占比
全部职工		2332	39.0	3646	61.0
性别	男性	1288	44.4	1612	55.6
	女性	1044	33.9	2034	66.1
学历	中专、高中及以下	595	38.0	970	62.0
	大专	543	40.9	784	59.1
	本科	901	36.9	1539	63.1
	硕士	220	45.7	261	54.3
	博士	73	44.2	92	55.8
家庭负担	负担 0 个人（自己）	613	43.6	792	56.4
	负担 1 个人	907	37.9	1485	62.1
	负担 2 个人	642	36.9	1099	63.1
	负担 3 个人及以上	170	38.6	270	61.4

表 2 - 26 展示了不同学历、不同家庭负担，男性职工和女性职工对男女同龄退休的态度。根据表 2 - 26 中的数据，我们发现，不同职工群体对男女同龄退休的看法大多持反对态度，并且女性职工对男女同龄退休的反对更为强烈。此外，男性硕士职工群体和无家庭供养负担（负担 0 个人）的职工群体，支持男女同龄退休的比例分别为 50.8% 和 52.4%，略高于反对的比例。

表 2 - 26　职工对男女同龄退休的态度（2）

单位：人，%

不同职工群体		男性支持		男性反对		女性支持		女性反对	
		样本数	占比	样本数	占比	样本数	占比	样本数	占比
家庭负担	负担 0 个人（自己）	322	52.4	293	47.6	291	36.8	499	63.2
	负担 1 个人	484	43.2	637	56.8	423	33.3	848	66.7
	负担 2 个人	377	41.3	535	58.7	265	32.0	564	68.0
	负担 3 个人及以上	105	41.7	147	58.3	65	34.6	123	65.4

续表

不同职工群体		男性支持		男性反对		女性支持		女性反对	
		样本数	占比	样本数	占比	样本数	占比	样本数	占比
学历	中专、高中及以下	334	41.6	469	58.4	261	34.3	501	65.7
	大专	288	46.2	335	53.8	255	36.2	449	63.8
	本科	482	43.6	624	56.4	419	31.4	915	68.6
	硕士	132	50.8	128	49.2	88	39.8	133	60.2
	博士	52	48.1	56	51.9	21	36.8	36	63.2

2. 职工对不同延迟退休方式的认可度

通过了解职工对各种延迟退休方式的认可度，可以帮助我们知晓哪些延迟退休方式是广大职工比较能够接受的，而哪些方式受到的抵触会比较大，从而为中国延迟退休政策改革提供一个路径和方向依据。表2-27是职工对几种延迟退休方式认可度的调查结果，总体上看，49.7%的职工支持弹性退休制，41.9%的职工认为应先延迟高级高技术人才退休年龄，36.8%的职工认可渐进式延迟方式，仅有9.9%职工认为应先延迟女性退休年龄及4.2%的职工认为应先延迟男性退休年龄。我们进一步考察不同性别、年龄、学历、工作单位类型、职称和劳动性质的职工群体，结论亦如前所述，支持"弹性退休制"和"先延迟高级高技术人才退休年龄"两种方案的职工比例较高，接着是"渐进式延迟"方案。

表2-27　职工认可的延迟退休方式（多选）

单位：人，%

不同职工群体			渐进式延迟	弹性退休制	先延迟高级高技术人才退休年龄	先延迟女性退休年龄	先延迟男性退休年龄
全部职工		样本数	2197	2973	2505	592	253
		占比	36.8	49.7	41.9	9.9	4.2
性别	男性	样本数	1064	1439	1278	370	114
		占比	36.7	49.6	44.1	12.8	3.9
	女性	样本数	1133	1534	1227	222	139
		占比	36.8	49.8	39.9	7.2	4.5

续表

不同职工群体			渐进式延迟	弹性退休制	先延迟高级高技术人才退休年龄	先延迟女性退休年龄	先延迟男性退休年龄
年龄	29 岁以下	样本数	670	859	757	150	97
		占比	38.2	48.9	43.1	8.5	5.5
	30~39 岁	样本数	571	949	722	173	53
		占比	32.3	53.6	40.8	9.8	3.0
	40~49 岁	样本数	648	844	719	164	70
		占比	37.4	48.8	41.5	9.5	4.0
	50~59 岁	样本数	263	264	245	88	25
		占比	43.8	43.9	40.8	14.6	4.2
	60 岁及以上	样本数	45	57	62	17	8
		占比	36.9	46.7	50.8	13.9	6.6
学历	中专、高中及以下	样本数	583	668	675	141	77
		占比	37.3	42.7	43.1	9.0	4.9
	大专	样本数	484	663	528	138	57
		占比	36.5	50.0	39.8	10.4	4.3
	本科	样本数	894	1287	1012	227	95
		占比	36.6	52.7	41.5	9.3	3.9
	硕士	样本数	173	276	178	65	17
		占比	36.0	57.4	37.0	13.5	3.5
	博士	样本数	63	79	58	21	7
		占比	38.2	47.9	35.2	12.7	4.2
工作单位类型	行政机关	样本数	252	321	263	98	28
		占比	39.1	49.8	40.8	15.2	4.3
	事业单位	样本数	631	837	602	139	67
		占比	39.6	52.5	37.8	8.7	4.2
	国有企业或国有控股企业	样本数	303	431	425	86	27
		占比	34.0	48.3	47.6	9.6	3.0
	其他类型企业	样本数	716	1016	904	197	100
		占比	35.0	49.6	44.2	9.6	4.9
	个体工商户和自由职业者	样本数	295	367	311	72	31
		占比	36.8	45.8	38.8	9.0	3.9

续表

不同职工群体			渐进式延迟	弹性退休制	先延迟高级高技术人才退休年龄	先延迟女性退休年龄	先延迟男性退休年龄
职称	无	样本数	819	1052	963	194	74
		占比	37.0	47.5	43.5	8.8	3.3
	初级	样本数	439	670	540	126	76
		占比	34.8	53.0	42.8	10.0	6.0
	中级	样本数	646	918	730	196	77
		占比	36.1	51.4	40.9	11.0	4.3
	副高级	样本数	183	226	159	49	15
		占比	42.1	52.0	36.6	11.3	3.4
	高级	样本数	110	107	113	27	11
		占比	39.3	38.2	40.4	9.6	3.9
劳动性质	体力劳动	样本数	431	528	469	115	46
		占比	35.8	43.9	39.0	9.6	3.8
	脑力劳动	样本数	1468	1988	1595	408	144
		占比	37.5	50.7	40.7	10.4	3.7
	体力劳动和脑力劳动兼而有之	样本数	298	457	441	69	63
		占比	34.9	53.5	51.6	8.1	7.4

六 本章主要结论

本章通过对全国 10 个省级行政区 28 个城市 16 个行业大类的职工进行问卷调查，对所获得的数据进行描述性分析发现，无论是对国家延迟退休政策的认知，还是职工的延迟退休意愿，在职工间都存在较大的差异。我们将调查所得结论进行梳理和归纳，总结如下。

（一）职工对退休年龄问题认知的调查结论

研究结论表明，大部分职工认为当前的退休政策不合理，并且认为女性退休年龄不合理的比例略大于认为男性退休年龄不合理的比例，可见，退休政策调整具有较广泛的群众基础。在性别差异上，多数女性职工比较认可现行退休年龄政策，而在认为当前退休政策不合理的职工中，男性职工更多地认为女性职工退休年龄不合理，而女性职工更多地认为男性职工退休年龄不合理；在学历差异上，认为当前退休年龄政策合理的比例大体随着学历的上升而下降，而在认为当前退休年龄政策不合理的职工群体里，硕士及以上学历的职工认为女性退休年龄更加不合理；在年龄差异上，大体上越年轻的职工群体认可当前退休年龄政策的比例越低，而在临近退休的职工里，有较大比例的职工（无论男女）认可当前退休年龄政策。

此外，关于职工对中国退休年龄政策灵活性的看法，我们的研究表明，大部分职工还是期望在退休问题上能够有一定的自主选择权，这一点我们从大部分职工对"工作一定年限允许退休"及"弹性退休年龄制度"两种做法的支持率上便可以看出。

（二）职工对延迟退休政策认知的调查结论

第一，关于职工对延迟退休政策目的的认知，多数职工认为，推行延迟退休政策首先是解决养老基金财务问题，其次是应对人口老龄化，最后是适应人均寿命延长的状况，这三大政策目的体现了广大职工普遍的共识。

第二，关于职工对延迟退休政策效应的认知，主要是考察职工对以下三个问题的看法：延迟退休对就业的影响、延迟退休对缓解养老金财务压力的作用和延迟退休对促进人力资源利用的效果。研究表明，对于这三个问题，多数职工的看法较为消极：近七成职工认为延迟退休将对就业造成比较大或巨大负面影响，尤其是对于青年人就业极其不利；同样，近七成职工认为延迟退休年龄对于缓解基本养老金账务压力的作用一般、较小或没有作用；近八成职工认为延迟退休对于促进人力资源充分利用的效果一般、较小或没有效果。可见，对于延迟退休的政策效应，广大职工并不看好。

（三） 对职工延迟退休态度的调查结论

第一，关于职工的养老准备方式。调查发现，近半数职工没有对未来的退休养老进行任何规划，而有规划的职工也大多偏向传统的银行存款。总体而言，对未来退休养老有规划或准备的职工比没有规划或准备的职工更能够接受延迟退休政策，说明良好的退休规划对于消除人们对延迟退休的抵触情绪具有一定的积极作用。

第二，关于职工对延迟退休政策的看法。研究发现，目前，多数职工对延迟退休仍持反对态度。具体而言，经济越发达地区的职工越反对延迟退休；年龄越大的职工越反对延迟退休，且女性职工比男性职工更加反对延迟退休；身体状况越差的职工，越反对延迟退休；有配偶的职工比无配偶的职工更加反对延迟退休；家庭需要供养的人数越多，越反对延迟退休；行政机关职工、自由职业者、个体工商户对延迟退休政策的接受程度相对较高；领导岗位职工对延迟退休政策的接受程度也较高；职工对工作或岗位越喜欢就越支持延迟退休，职工感觉工作压力或工作强度越大就越反对延迟退休，职工对工作环境、工资福利待遇越满意就越支持延迟退休。此外，学历、收入、职称等个体或工作特质因素与延迟退休态度之间并无明显的趋势关系。

第三，关于职工支持延迟退休的先决条件。我们先通过对职工反对延迟退休的原因进行调查，结论表明，职工反对延迟退休的首要原因是身体健康状况，担心随着年龄的增长，身体状况越来越差而吃不消；接着是认为延迟退休将使养老保险的缴费期变长，领取期变短，不划算；最后是工作因素，工作压力越大，工作环境越不好，职工便越反对延迟退休。而对于在什么条件下职工将支持延迟退休，研究亦表明，"对工作待遇和环境比较满意"、"从事自己喜欢的工作"和"只要还有工作能力"是所有先决条件中选择较多的三个，可见职工反对延迟退休的情绪大多出自工作因素，进一步的研究也表明，只要确实改善职工的工作环境，提高职工福利待遇水平，使职工在工作期间各项权益能够得到充分保障，确保社会制度规范透明，则有很多原先反对延迟退休的职工会转而支持延迟退休。

第四，关于职工对延迟退休方式的看法。首先，关于职工对男女职工同龄退休的看法，大多数职工并不支持男女同龄退休，尤其是女性职工群体，她们对男女同龄退休的抵触程度高于男性职工群体。其次，在几种延迟退休方式中，认可度最高的是"弹性退休制"方案，接着是"先延迟高级高技术人才退休年龄"方案，然后是"渐进式延迟"方案。这个结论可为中国延迟退休政策的调整提供方向参考。

第三章　延迟退休改革的现实基础及理论依据

一　延迟退休改革的现实基础

延迟退休是一项关乎国计民生的浩大工程，完成这一工程需要经济、制度、思想等方面的充分准备，而改革又需要全面考虑国家、企业和个人三者的利益取向及现实诉求，所以改革不可能一蹴而就，而是一个循序渐进、逐步探索的过程。在20世纪70年代，部分OECD成员就已经开启了延迟退休的改革，而完成整个改革则需要50～100年。延迟退休是党中央基于多方面深思熟虑的综合决策，是对现阶段进行延迟退休改革的群众基础、经济基础和制度基础进行充分考量后做出的科学决策。

（一）延迟退休改革的群众基础

延迟退休改革的顺利进行需要全体国民对延迟退休政策予以理解、认可，并达成思想共识。根据我们的调查，有62.7%的职工对延迟退休政策明确表示反对，单从数据来看，延迟退休政策似乎不具有普遍的群众基础。然而，当我们进一步深入研究这一问题时，情况便有了质的变化，在反对延迟退休的职工当中，67.7%的职工表示如果能够确实改善工作环境、提高工资福利待遇、充分保障职工的各项正当权益、确保社保制度公正透明，便会转而支持延迟退休；如果职工在临近退休时仍有较为良好的健康状况，则这一比例将更高。这一结论说明延迟退休政策本身其实是具有广泛群众基础的，广大群众并非真正反对延迟退休政策，而是担心自己的身体健康状况，以及对当前工资福利、工作环境、职工权益保障等方面不满意。

此外，对于延迟退休政策的群众基础，我们从职工退休后的闲暇与工作状态中也可以进行探究。从我们的调查结果看，23.8%的退休职工在退休后仍然通过返聘、再就业、创业或其他就业渠道而继续工作，而在退休后完全离开工作岗位的职工中，三成以上职工需要照看或抚养孙辈子女，我们相信如果社会服务业能够更加完善和规范，能够将部分尚有劳动力的老年劳动者从家庭事务与劳务中解放出来，则有将近五成的退休者选择退休后再就业。随着社会发展与进步，社会分工更加细化，社会诚信水平也在提升，老年劳动者对家庭的"后顾之忧"将逐步得到解决，加之退休年龄较低，老年人退休后再就业的现象越来越普遍，这也就是目前"退而不休"现象的根源所在。当然，这也从另一个侧面反映了延迟退休政策实际上是具有较广泛的群众基础的。

（二）延迟退休改革的经济基础

新中国成立至今，中国经济社会发生了翻天覆地的变化，尤其是改革开放 40 多年来，中国经济总量增长了约 119 倍，劳动者工资水平增长了约 104 倍[①]。然而，退休年龄政策却在 60 多年来始终没有进行实质性变革。从经济角度来看，现阶段能够推行延迟退休改革主要源自收入的增长、社会化大生产的发展和经济增长方式的转变。

---

① 根据 1978 年和 2015 年《中华人民共和国国民经济和社会发展统计公报》相关数据推算得到。

首先，一方面，收入增长提高了人们的生活水平，人们对教育及智力的投入也会增加，进而激发人们的工作热情和延迟退休诉求（调研数据显示，虽然学历和职工的延迟退休态度并没有趋势性关系，但是我们发现硕士及以上高学历职工对延迟退休的反对比例还是相对较低的）；另一方面，与发达国家相比，中国各类职工的收入水平无论从绝对水平来看还是相对水平来看都是比较低的，根据劳动经济学的收入闲暇理论，这种情况下的收入增长会激发人们的工作欲望，从而使人们放弃更多闲暇时间而选择工作，此时延迟退休也符合人们的诉求。

其次，社会化大生产不断发展，社会分工进一步细化，家庭的经济功能、养老功能，甚至抚育功能都在弱化，养老、家务、子女照看与教育等都被推向社会，由社会相关行业和人员来完成，并且随着各行各业不断发展、不断规范，行业诚信也在逐步树立并不断强化。在这一背景下，劳动者将从繁重的家庭劳务和子女抚养、老人赡养等中解脱出来，尤其是女性劳动者和老年劳动者，他们将把更多的时间用于工作，这对于延迟退休年龄，尤其是女性退休年龄具有极大的推动作用。

最后，中国现阶段的经济增长方式与现行退休年龄政策制定时的情况相比有着质的变化。在退休政策制定之初及之后的几十年间，中国的经济增长动力主要来源于劳动力要素的投入，中国的经济属于粗放型经济，由于生产技术水平不高、机械化程度较低，人们的体力付出和身心压力都比较大，考虑到女性在50岁以后，男性在60岁以后的体力和健康状况，以及继续劳动的可承受性和工作效率，当时制定的退休年龄政策是科学且合理的。然而，改革开放以来，中国逐步改变粗放型的经济增长模式，由依靠劳动力要素投入转向依靠资本和技术投入，机械化、智能化的普及使劳动者的体力负担和身心压力大大减轻，各行各业的发展也逐步转向依靠智力投入和科技创新。此时，一成不变的退休年龄政策已经不合时宜，"退而不休"的现象充分说明劳动者在达到法定退休年龄后仍有较强的劳动诉求和适应性。

（三）延迟退休改革的制度基础

客观上，延迟退休还需一定的制度保证，这样才能激发劳动者的主观意愿，这些制度包括工资福利制度、劳动者权益保障制度、社保信息披露制度等，而这些制度及政策措施在现阶段都已逐步得到落实与推广，并且在实践中业已发挥良性效应。

在工资福利方面，多年来，党中央、国务院对提高广大职工的工资福利水平始终予以高度重视，有关工资制度改革及其相关议题被写入每一届政府的工作报告中（见表 3 - 1）。另外，目前多数企业也在积极落实党中央、国务院和各级政府的要求，致力于建立职工工资正常增长机制，完善企业薪酬制度，改善职工福利。

在劳动者权益保障方面，目前，我国已经初步建立起了以《劳动法》《劳动合同法》《社会保险法》及各地颁布的职工权益保障相关文件为依托的劳动者权益保障制度，劳动者在工作过程中应享有的各项正当权益逐步有了相应的制度保障，这些制度包括带薪休假制度、劳动安全保障制度、职业教育培训制度、职工法律援助制度等。

在社保信息披露方面，有关社会保障各项政策及其具体实施过程中的信息透明、公开公正也是劳动者比较关心的话题。目前，对有关社会保险信息披露方面的监督和管理，主要依据 2007 年劳动和社会保障部颁布的《关于建立社会保险信息披露制度的指导意见》（劳社部发〔2007〕19 号）、2014 年人力资源和社会保障部下发的《人力资源和社会保障部关于进一步健全社会保险信息披露制度的通知》（人社部发〔2014〕82 号），以及各省区市自行制定的社会保险信息披露实施办法，这些文件是社会保险政策实施的公平、公开、公正的制度保障，也是延迟退休得以顺利进行的制度基础。

表 3 - 1　2012 ~ 2016 年《政府工作报告》有关工资制度改革的方向

年份	有关工资制度改革的方向
2012	建立工资增长机制,提高最低工资标准
2013	建立义务教育学校的绩效工资制度
2014	健全企业职工工资决定与正常增长机制,改革机关事业单位工资制度
2015	完善工资制度及最低工资标准调整机制
2016	完善工资制度

资料来源：中华人民共和国中央人民政府网站，http：//www. gov. cn/guoqing/2006 - 02/16/content_ 2616810. htm。

　　除了上述群众基础、经济基础和制度基础之外，中国延迟退休改革还有一个十分重要的制度外背景条件——国民寿命的普遍延长。根据 1981 年全国人口寿命表①，全国人口的平均预期寿命为 67. 9 岁，其中，男性为 66. 4 岁，女性为 69. 3 岁，而根据 2017 年国务院新闻办公室发布的《中国健康事业的发展与人权进步》白皮书中的相关数据，2016 年，中国人口平均预期寿命为 76. 5 岁②。30 多年来中国人口平均寿命延长了近 10 岁，如果与新中国成立初期相比，这个增幅还会大得多。寿命的延长与低龄退休现状之间的矛盾所衍生的各种社会经济问题层出不穷，为了解决这些问题，延迟退休势在必行，而寿命延长又为延迟退休政策的实施在年龄空间上确定了现实可行性。

　　2017 年 10 月，党的十九大报告指出，中国特色社会主义进入了新时代，社会的主要矛盾已经转变为人民日益增长的美好生活需要和不平衡不充分发展之间的矛盾。这一对社会主要矛盾的阐述具有普遍意义，体现在养老保障领域就是老年人日益增长的美好生活需要和养老保障体系不平衡不充分发展之间的矛盾。退休年龄政策半

---

① 数据来源：《中国人口年鉴 1983》。
② 参见《中国健康事业的发展与人权进步（全文）》，新华网，http：//www. xinhuanet. com/ 2017 - 09/29/c_ 1121747583. htm。

个多世纪没有实质性变化的状况及其所衍生出来的各种社会经济问题正是中国退休及养老保障体系不平衡不充分发展的表现之一，延迟退休改革顺势而为，正是解决"不平衡不充分发展"的一项重大方略。

二　延迟退休的理论依据

（一）生命周期理论

生命周期描述的是一个对象从产生到消亡的整个过程，其应用相当广泛，政治、经济、社会各个领域均有较为成熟的应用见之于世，比如，产品生命周期、企业生命周期、行业生命周期、技术生命周期等。在经济学领域，与生命周期相关的研究，最著名的莫过于莫迪利亚尼（F. Modigliani）、布伦贝格（R. Brumberg）和安东（Albert Ando）共同提出的"生命周期假说"，即生命周期消费理论。该理论基于理性人的假设，认为理性消费者能够在效用最大化的目标下合理安排一生的收入和消费。与凯恩斯的消费理论不同，生命周期消费理论认为，任一时期的消费并不取决于当期收入，而是取决于整个生命周期的收入，也就是说，理性消费者在每个时期的消费都涉及终生收入的函数，是科学规划后的消费水平，其目标是实现一生消费的效用最大化。

对丁延迟退休改革的动因，我们可以运用生命周期理论进行解释。我们将人的一生分为三个阶段：学习阶段、工作阶段和退休阶段。学习阶段的目标是获取知识和技能，这一阶段的消费和学习成本来自上一代的预投入，我们假设这些消费和成本需要通过工作阶段获取的收入来补偿；工作阶段通过付出劳动获得收入，这些收入除了用于当期消费以外，还要补偿学习阶段的消费和教育投入，以为退休做准备；退休阶段没有收入，个人完全退出工作岗位，所有消费全部来自工作阶段积累的退休准备。由于人的寿命是有限的，在工资率一定的前提下，个人的决策便是将一生的时间在学习阶段、工作阶段和退休阶段之间进行分配，使一生的效用最大化。

在延迟退休问题上，现行退休年龄政策制定之初，基于由当时的受教育年限决定的学习阶段与工作阶段分界点，以及由法定退休年龄决定的工作阶段和退休阶段分界点，结合当时的寿命水平，学习、工作和退休三个阶段的时间分配对个人生命周期而言是均衡的。然而，随着社会经济发展，国民受教育年限和寿命水平都发生了变化，原先的均衡被破坏：在法定退休年龄不变的情况下，受教育年限的延长一方面压缩了工作阶段的时间；另一方面增加了学习阶段的消费和教育投入，而寿命水平上升直接延长了退休阶段，进而提高了退休阶段的消费水平，由于这些增量投入都要通过减少的工作阶段的收入来获取，工作压力急剧上升，原先的均衡不复存在。这时，延迟退休年龄，使整个生命周期的时间在学习阶段、工作阶段和退休阶段重新分配，达到新的均衡，就成为退休年龄政策改革的动因。

（二）制度变迁理论

制度变迁理论是 20 世纪 70 年代由经济学家诺思（Douglass C. North）提出来的，根据诺思的观点，"制度是调整人类行为的规则"（彭德琳，2002）。政策也是一种制度，因此我们可以运用制度变迁理论来解析退休年龄政策调整的原因及制度变迁的路径选择。

根据生命周期理论，任何制度都会经过创立、发展、成熟和衰退四个阶段，根据诺思的观点，制度的变迁就是"制度的创立、变更及随时间变化而被打破的方式"（彭德琳，2002），从狭义来看，我们可以将制度变迁理解为制度的更迭、替代和转换的过程，对制度变迁的研究就是要研究一个制度为什么会被另一个制度取代。在制度发展过程中，为什么会出现演化、调整和改进？对于这些问题，诺思认为，制度变迁的动力在于人们或者行为主体追求利益最大化：一个制度在发展过程中，如果依托的社会、经济、政治、文化、资源等基础发生变化，那么制度就存在帕累托改进空间，即制度处于非均衡状态，这时理性人的逐利本性便会促使行为主体去搜寻或挖掘制度中的潜在收益，而这些潜在收益又往往需要制度变革或创新来获取，这就是制度变迁的需求（彭德琳，2002）。从发现制度变迁需求到实现制度变迁，还需要考虑成本和收益，只有在变迁的收益大于成本时，制度中的行为主体才有动力去推进，制度变革才能实现。

根据诺思的观点，制度变迁的收益是一种公共产品，涉及面越广，外部性、"搭便车"等现象就越突出，因此制度变迁存在供给不足的问题（彭德琳，2002）。对于一项重大的政策调整或制度变革，解决供给不足的情况往往要依靠国家的强制力，当制度变迁真正惠及最广泛的群众时，外部性、"搭便车"等问题便自然而然地解决了，这是一种自上而下的变革。

中国现行的退休制度初创于20世纪50年代，这一退休政策选择是基于当时社会经济条件和资源条件所做出的最优选择，而随着社会经济的发展，作为制度基础的条件发生改变，退休制度的不均衡状态开始形成，进而制度变革的诉求便应运而生。另外，退休年龄政策改革虽然涉及国家、企业和个人三者利益博弈与协调问题，但是由国家主导进行的自上而下的改革是必然的路径选择，因为国家代表了最广大人民群众的利益，唯有如此，才能保证退休年龄政策改革达到预期目标。

（三）公平正义理论

提到公平正义理论，就不得不介绍百科全书式的伟大学者亚里士多德和他的经典名著《政治学》[①]。在《政治学》中，亚里士多德

---

① 参见〔古希腊〕亚里士多德《政治学》，吴寿彭译，商务印书馆，1983，第231~235页。

探究政体（我们也可将其视为一种制度）发生变革的一般原因，认为良好的政体应建立在正义的基础上。亚里士多德的正义论是一种平等的分配观，以数量平等和比值平等相结合为原则，所谓数量平等，即所有人拥有的事物（包括权利的分配）在数目和容量上都是相等的；所谓比值平等，即事物的分配根据各人价值的不同来执行，不同的人由于存在价值的差异，分配到的事物也是不同的，每个人只能得到与之价值相称的事物。现实中的每个人都坚持自己的正义，他们的主张也相互分歧或背离：有些人因为自己某些方面与他人平等就认为且要求一切都要平等，有些人因为自己某些方面比他人优裕就认为且要求自己在一切方面都要比他人优裕。亚里士多德认为这些都不是绝对的正义，只有符合比值平等的分配原则才是绝对的正义，而在现实中，良好政体（制度）的选择应该建立在数量平等和比值平等相结合的分配原则基础上。

亚里士多德的"分配正义"对后世社会保障和社会福利思想的形成和演进的影响较大，我们完全可以运用"分配正义"理论来诠释中国退休年龄的调整与变革，并借此指导退休年龄调整中的路径选择。60多年来，中国退休年龄政策并未随社会、经济、人文等条件的变化而适时调整，原先制定的政策所形成的"分配正义"已在一定程度上遭到破坏：退休年龄过低、违规提前退休和延迟退休形成了不平等与低效率。为了重构"平等"，形成新的"分配正义"，退休年龄政策变革在所难免。在退休年龄政策调整的路径选择方面，亚里士多德提出的"数量平等和比值平等相结合的分配正义"为改革提供了方向。首先，数量平等要求全民平等，这就要求退休年龄政策调整必须以全体国民的共同利益为导向，无论是变革中的所得，还是所失，在绝大多数人之间都应该平等；其次，对渐进式退休方式的选择是为了减少制度变革过程中的各项冲击，尤其是对临近退休职工的"不平等"影响；最后，比值平等要求在进行分配时对不同人要因价值或才德差异而有所不同，这就要求在退休年龄政策调整时，对于不同身份、价值、才德的人可以制定不同的退休年龄政策，即体现人与人之间一定的差异性。

（四）福利三角理论

福利三角理论（Welfare Triangle）是德国学者伊瓦斯（Evers）在罗斯（Rose）的多元福利组合（Welfare Mix）理论基础上发展出来的社会政策理论。伊瓦斯将多元福利组合中对国家、市场和家庭三个部门（即三角）的分析放到文化、经济和政治背景中，并具体化以对应相关组织、价值和社会成员关系，其中国家对应的是公共组织，体现了平等和保障的价值，社会成员作为行动者建立的是与国家的关系；市场对应的是正式组织，体现了选择和自主的价值，社会成员作为行动者建立的是与市场的关系；家庭对应的是非正式的私人组织，体现了团结和共有的价值，社会成员作为行动者建立的是与社会的关系（彭华民等，2009）。根据福利三角理论和多元福利组合理论，国家、市场和家庭三个部门在社会政策方面所体现的价值或提供的福利应是一个整体，单独由某一个部门提供福利往往会导致"失灵"，20世纪70年代出现的福利国家危机就是典型的"政府失灵"。

由于人口老龄化不断加剧，中国的养老保障事业经历了家庭养老不堪重负的"家庭失灵"阶段，现在日益增大的养老金支付压力使社会养老保险基金难以为继，"政府失灵"渐露苗头，因此当前延迟退休改革必将是社会保障体系内国家、市场和家庭三方的联合行为，我们可以用福利三角理论来诠释改革的原则和路径选择。首先，国家层面，体现一种平等和保障的价值，国家既是社会政策的制定者，也是执行者和维持者，"延迟退休政策是为了应对养老制度转型中不适合经济社会发展的部分而做出的政策调整和制度安排，体现了长期的公共利益"（王洛忠、张艺君，2016），因此延迟退休年龄改革应在政府的主导下进行并遵循公共利益原则，充分考虑社会各阶层各群体的不同需求，政府的责任主要体现为保障改革的公平公正，并且在"市场失灵"和"家庭失灵"时扮演解决问题的"最终人"角色；其次，市场层面，体现选择和自主的价值，这就要求延迟退休改革应当给予广大职工一定的选择和自主空间，相应的改革路径宜结合弹性机制或给予一定的选择权；最后，家庭层面，体现团结和共有的价值，对于延迟退休改革而言就是群众基础，通过相关制度的配套改革消除家庭的后顾之忧，提升广大职工对延迟退休政策的支持度。根据福利三角理论，延迟退休改革可以说是国家、市场和家庭三者力量的角逐，尤其对于中国人口老龄化特殊的形成机制和"未富先老"的国情现状，单靠某一方的力量是无法完成这一系统性工程的。

（五）DMP理论

DMP理论是由Diamond、Mortensen和Pissarides三位经济学家基于搜寻理论提出的劳动力市场分析工具，该模型很好地解释了劳动力市场上"高失业"和"高职缺"并存的现象：市场上虽然存在大量求职者和大量空缺职位，但由于劳动力市场存在搜寻摩擦，求职者和空缺职位并不能即时匹配，二者都存在搜寻过程并付出搜寻成本。根据DMP模型，求职者在就业和未就业之间选择，提供职位的厂商则在保持职位空缺和招人填补职位之间选择，求职者和厂商都基于自身效用最大化，由匹配函数进行匹配，成功则进入工资议价阶段，不成功则继续搜寻过程，这个过程有时需要较长时间，因此存在失业和职缺并存的局面。

对于中国进行延迟退休改革，理论界的争议最大，也是改革最大的政策顾虑，就是延迟退休是否会影响青年人就业。对于这一问题，我们可以用DMP理论来诠释。反对者认为，延迟退休会挤占青年人的就业空间，前提是退休者所腾空出来的职位与求职的青年人能够匹配。然而实际情况并非如此，退休者所腾空出来的职位往往对经验、能力和素质有较高的要求，这些都是青年求职者所不具备的，根据 DMP 模型，青年求职者并不是退休者腾出职位的合适人选，因此二者无法匹配。即便部分青年求职者与职位要求能够匹配，根据 DMP 模型，这也不是即时能够完成的，而是需要一定甚至较长时间的摸索。由此可见，延迟退休要么不挤占青年人就业的空间，要么挤占的程度很小。

三　本章主要结论

无论是延迟退休的政策制定环节，还是实施阶段，包括制度未来的可持续性都需要建立在夯实且稳定的现实基础之上，也需要有成熟的理论作为支撑。

在现实基础方面，本章主要从群众基础、经济基础和制度基础三个方面进行分析，结论表明，延迟退休政策在中国实际上是具有较广泛群众基础的，广大职工的反对并非政策本身，而源于健康状况、工作待遇、权益保障等其他政策外因素；经济基础主要源自改革开放以来国民收入的增长、社会化大生产的发展和经济增长方式的转变；而工资福利、劳动者权益保障、社保信息披露等制度的建立及推行也为延迟退休改革奠定了制度基础。

在理论依据方面，本章引入生命周期理论、制度变迁理论、公平正义理论、福利三角理论和 DMP 理论，对延迟退休改革的动因、路径及相关问题进行分析。生命周期理论认为，对于个人而言，由于经济的发展、教育的普及、寿命的延长，整个生命周期的时间在学习阶段、工作阶段和退休阶段重新分配，因此达到新的均衡就成为退休年龄政策改革的动因；制度变迁理论认为延迟退休改革源自当前的退休制度处于不均衡状态，理性人挖掘制度潜在收益的逐利本性无形中促使或推动了制度变迁实现；公平正义理论认为，随着社会经济发展，中国退休年龄制度原先的"分配正义"已在一定程度上遭到破坏，为了重构"平等"，形成新的"分配正义"，退休年龄政策变革在所难免；福利三角理论主要为延迟退休改革的原则和路径提供理论支撑，指出改革需要国家、市场和家庭三者合力进行；DMP 理论从劳动力市场搜寻和匹配角度诠释了退休者所腾空的职位并非青年求职者所能够匹配的，消除了延迟退休会影响青年人就业的政策疑虑。

中篇　经济效应

经济效应研究旨在回答为什么能延迟退休年龄，即研究延迟退休对社会经济可能带来的影响。具体而言，延迟退休是否真的有利于缓解养老基金压力？是否会影响社会养老保险的代际负担公平？是否会对就业，尤其是青年人就业产生负面作用？这些都是延迟退休政策制定者高度关注，并迫切想要获得答案的问题。本篇的研究目的就是回答以上问题，以期为延迟退休政策的制定提供一个决策依据或参考。本篇的研究内容分为三章。

第四章：延迟退休对基本养老保险制度破产边界及偿付能力的影响。在这一章，我们将风险理论中的破产时刻概念引入基本养老保险制度财务平衡的测算中，通过构建精算模型研究职工基本养老保险制度的破产边界和偿付能力，并对延迟退休的影响进行测算。

第五章：延迟退休对代际负担公平性的影响。在这一章的研究中，我们提出了基于代际负担率的代际平衡性测度，并运用养老金精算理论构建代际负担率模型，测算基本养老保险制度的代际负担公平性，以及延迟退休对代际负担公平性的影响。

第六章：延迟退休对青年就业影响的实证分析。这一章主要探索延迟退休与就业之间的关系，主要内容包括两个部分：首先，结合中国劳动力市场相关数据进行推断性分析，研究延迟退休对青年人就业是否具有"挤出"效应；其次，运用行业面板数据进行实证分析，进一步定量研究延迟退休与青年人就业之间的关系。

第四章 延迟退休对基本养老保险制度破产边界及偿付能力的影响

一 引言

随着人口老龄化加剧，基本养老保险制度的支付压力越来越大。虽然目前基本养老基金总收入仍然大于总支出，基金余额也在逐年递增，但增速在逐步放缓，且近年来基金收入的增长在一定程度上受益于《社会保险法》实施后基本养老保险参保面的扩大及各级财政进行的补贴，可以预见在若干年后制度完成全覆盖，这一由覆盖面扩大所维系的增长机制便很难持续，各级财政也不可能无止境地补贴，因此，随着老年人口的剧增和寿命的延长，基本养老保险基金未来可能出现收不抵支的状况，甚至出现制度"破产"也并非危言耸听。另外，由于多年来实行的特殊人口政策，劳动力增长速度逐年变缓，随着老人抚养比逐年提高，青年一代的缴费压力不断增加，基本养老保险制度的代际矛盾日益凸显。为了解决这一问题，缓解基本养老保险制度的财务压力，延迟退休应时而生。然而，延迟退休是否能真正解决问题，理论界观点不一。比如，余立人（2012）通过构建社会养老保险精算模型进行研究，指出延迟退休不一定能增强养老保险基金的支付能力。曾益、任超然、刘倩（2013）通过构建精算模型得出相似的结论：延迟退休在统筹基金入不敷出时可以减少赤字，但是不能从根本上解决基本养老保险的偿付能力问题。相反地，袁磊（2014）通过对三种延迟退休方案进行模拟，指出延迟退休可以推迟养老基金缺口来临的时间。邓大松、仙蜜花（2015）通过设计 11 种退休年龄方案进行模拟测算得出相同的结论。

有鉴于此，我们在这一章将重新审视这一问题。由于当前研究在模型构建、情景设计、指标选取和变量设置等方面与基本养老保险制度的实际运作状况并不十分契合，故得出的结论是值得商榷的。在这一章，我们基于城镇职工基本养老保险制度的实际运作模式和实施状况，通过构建养老金账户收支及盈余模型，测算城镇职工基本养老保险制度"破产"的时间边界和偿付能力，并进一步测算延迟退休的影响。

二 职工基本养老保险制度破产边界及偿付能力测算

（一）模型构建

1. 基本原理

中国城镇职工基本养老保险制度采取"统账结合"模式，即现收现付制的社会统筹和完全基金积累制的个人账户相结合（实质上是一种部分基金积累制），缴费也相应地分为企业缴费和个人缴费两部分，养老金则根据职工参加工作和退休的时间节点差异分为"老人"养老金、基础养老金、过渡性养老金和个人养老金四种类别。"统账结合"模式设立之初的目的是想通过养老基金的部分积累制取代原先的现收现付制，从而兼得现收现付制和完全积累制两者之优点。然而，由于制度转轨时没有明确转轨成本及其消化路径，随着人口老龄化进一步加剧，许多地区统筹账户入不敷出，在统账"混账管理"情况下，个人账户基金从一开始便被挪用以填补统筹账户缺口，形成个人账户空账运行的情况。2000 年国务院颁布的《关于完善城镇社会保障体系的试点方案》中对于城镇职工基本养老保险制度，明确要求统筹账户和个人账户必须分开管理，统筹基金不得占用个人基金，并要求部分地区开始试点做实个人账户，逐步向全国推广。这意味着"统账结合"模式已要求从"混账管理"方式向"分账管理"方式逐步转变，同时也指明了城镇职工基本养老保险制度模式未来的改革和发展方向。但是，由于统账问题的复杂性和特殊性，虽然已有部分省份实行"分账管理"，然而更多省份仍执行"混账管理"，因此，我们在测算基本养老保险制度破产边界和偿付能力时，将针对两种管理方式分别进行测算，以了解在人口老龄化趋势下不同管理方式对制度可持续性影响的差异。

城镇职工基本养老保险的基金收入主要来自个人缴费、投资收益和各级财政的补贴，为了考察制度自身对日益增大的养老金支付压力的消化能力和制度的可持续性，我们先把职工基本养老保险制度视为一个封闭系统，暂不考虑各级政府补贴（待最后对测算结果进行比较时再行加入）。这样，退休职工的养老金待遇就全部来源于基本养老保险系统的原始资金、在职职工的缴费及二者历年留存额的投资收益。这里，我们引入精算学里的"破产时刻模型"，并将城镇职工基本养老保险系统的破产边界定义为养老金系统的资金存量不足以支撑当年养老金支出的临界点。假设基本养老保险的缴费和支出都发生在期初，我们定义第 t 期养老金账户的期末资金盈余为：

$$U(t) = [U(t-1) + P(t) - S(t)](1 + i) \qquad (4-1)$$

其中，$P(t)$ 表示第 t 期养老金账户的缴费收入，$S(t)$ 表示第 t 期养老金账户的资金支出，i 为第 t 期养老金的投资收益率。根据破产理论，我们需要找到一个临界时刻点 T，满足：

$$T = \min\{t : U(t) < 0, \exists t \geq 0\} \qquad (4-2)$$

我们将满足式（4-2）的 T 称为养老金系统的破产时刻，"破产"的内涵并不等同于我们通常理解的企业"破产"，其具有的更重要的一层含义是，此刻基本养老保险系统的自身财务状况不容乐观，急需系统外的资金注入，以缓解系统内的财务困境。换言之，城镇职工基本养老保险制度如果作为一个封闭系统，那么在 T 时刻以后是不可持续的。

对于统账"混账管理"方式，虽然也有企业缴费和个人缴费之别，然而由于二者混合管理，甚至共用一个基金池，其效果与完全采用一个账户并无二致，本质上仍是现收现付制。$P(t)$ 来自企业缴费和个人缴费，$S(t)$ 用于全部四类养老金支出，故盈余模型仍如式（4-1）所示。

对于统账"分账管理"方式，统筹账户和个人账户严格分开管理，统筹账户仍以现收现付制运作，账户资金主要来源于企业缴费积累及投资收益，支出用于支付除个人账户养老金以外的各类养老金以及长寿风险下个人账户养老金的缺口抵补①；个人账户以完全基金积累制运作，账户资金主要来源于职工个人缴费积累及投资收益，支出用于支付个人账户养老金。可见，对于整个养老金系统而言，"破产"时刻最终由统筹账户的盈余所决定：统筹账户盈余为负值，无论个人账户盈余如何，系统均无法持续；统筹账户盈余为正值，即便个人账户收不抵支，只要统筹账户盈余足以抵补个人账户缺口，系统就仍具有可持续性。因此，式（4-1）调整为：

$$U(t) = \left[U^{(1)}(t-1) + P^{(1)}(t) - S^{(1)}(t) - U^{(2)}(t) \right](1+i)$$

$$(4-3)$$

其中，$U^{(1)}(t-1)$ 即为统筹账户第 $t-1$ 期的资金盈余，$P^{(1)}(t)$ 为第 t 期企业缴费，$S^{(1)}(t)$ 为第 t 期"老人"养老金、基础养老金和过渡性养老金总和，$U^{(2)}(t)$ 为第 t 期个人账户养老金缺口总和。

---

① 目前，对于个人账户余额用罄时，个人账户养老金如何继续支付，各地没有统一的规定，本书采取大多数省份的做法，在个人账户余额用尽时，由统筹账户继续支付个人账户养老金，直至参保人死亡。

2. 缴费模型

在实务中，对于企业与机关事业单位职工，个人缴费和企业缴费分别以职工个人工资水平和企业工资总额为基础进行缴纳，差别仅在于缴费比例不同。我们用 $P^{(1)}(t)$ 表示 t 年企业缴费总额，则企业的缴费模型为[①]：

$$P^{(1)}(t) = \sum_{s=s_0}^{r-1} \theta^{(1)} \cdot (\tau \cdot W_{s,t}) \cdot N_{s,t} \cdot \lambda_{s,t} \qquad (4-4)$$

这里，s_0 为职工参加工作的年龄，r 为职工退休的年龄，$\theta^{(1)}$ 为企业缴费率，$W_{s,t}$ 为 t 年 s 岁参保职工的年工资水平，τ 为缴费工资系数，它是缴费基数与职工工资水平的比值，$N_{s,t}$ 为 t 年 s 岁的参保职工人数，$\lambda_{s,t}$ 为 t 年 s 岁参保职工的遵缴率，即实际缴费人数与在职参保人数的比例。对于工资，我们用 g_1 表示年增长率，这里的增长率有两层意思：一是个人工资的逐年增长率，即 $W_{s,t} = g_1 \cdot W_{s,t-1}$；二是个人工资随工龄资历增长（假设这一增长率也为 g_1）。同时假定职工年龄越大，工龄越长，则有 $W_{s,t} = g_1 \cdot W_{s-1,t}$。对于参保职工数量，我们同时考虑死亡因素和增长因素，前者有 $N_{s+1,t+1} = N_{s,t} \cdot p_s$（$p_s$ 为 s 岁人活到 $s+1$ 岁的概率），后者有 $N_{s,t+1} = (1+n) \cdot N_{s,t}$（$n$ 为参保职工数的年增长率）。

对于个人缴费，在"混账管理"方式下，个人缴费与企业缴费可以合并计算，仍采用式（4-4），只是缴费率为二者缴费率之和。在"分账管理"方式下，个人缴费主要用于测算职工在退休时的个人账户积累值，用 $\theta^{(2)}$ 表示个人缴费率，t' 为个人账户开始缴费年份，则 t 年 s 岁职工在退休时的个人账户积累总额为：

[①] 在实务中，基本养老保险的缴费和支出大多按月进行，本书为了测算方便，对缴费和养老支出进行年化处理，即将按月缴费和按月领取养老金的模式等价转换为按年缴费和按年领取养老金的模式。

$$L_{s,t} = \sum_{u=\max[s_0, s-(t-t')]}^{s'} \theta^{(2)} \cdot (\tau \cdot W_{u,t'+|u-[s-(t-t')]|}) \cdot (1+i)^{r-u} \quad (4-5)$$

我们在建模过程中考虑一个实际情况,即职工在参保过程中可能由于各种原因而发生保费断缴现象,我们用 s' 表示职工停止缴费的年龄,则 $s'-\max[s_0, s-(t-t')]$ 即为职工的实际缴费年限,如果职工全程缴费(即缴费至退休),则 $s'=r-1$。此外,还有一个情况需要考虑:个人账户养老金只针对进行个人缴费的职工,即针对"中人"和"新人",因此对于 t 年 s 岁退休职工而言,个人账户缴费的年龄下限就需要从 $r-1$ 岁向前推到 $s-(t-t')$ 岁,且不低于 s_0 岁,$s-(t-t')$ 为职工开始进行个人缴费的年龄。

对于以个人身份参加城镇职工基本养老保险的短期雇工、个体工商户、自由职业者等灵活就业人员,缴费的测算原理与企业职工类似,不同在于缴费基数不是按照职工工资水平确定,而是按照缴费当期上一年度城镇职工社会平均工资水平来计算。

3. 养老金待遇模型

城镇职工基本养老保险制度中存在三类职工群体,其在退休时领取的养老金类别是不同的,其中,"老人"领取的是"老人"养老金,"新人"领取的是基础养老金和个人账户养老金,"中人"除了领取基础养老金和个人账户养老金外,还领取过渡性养老金。

(1)"老人"养老金待遇模型

"老人"养老金的计发遵循"老人老办法"的原则,即养老金待遇以职工退休前本人工资为基数,根据不同连续工龄不同比例进行计发。用 $R_t^{(old)}$ 表示 t 年应支付给"老人"的养老金待遇总和,ω 为极限年龄(即 $p_\omega = 0$),$\delta(i)$ 为连续工龄为 i 年所对应的养老金支付比例,即"老人"的养老金替代率,则有:

$$R_t^{(old)} = \sum_{s=r+(t-t''+1)}^{\omega} \delta(i) \cdot W_{r-1,t-(s-r+1)} \cdot N_{s,t} \quad (4-6)$$

其中，t''为拥有"老人"养老金领取资格的时间节点，即在t''之前退休的职工才有资格领取"老人"养老金，因此，对于t年s岁退休职工而言，式（4-6）中的s应满足$s \geqslant r + (t - t'' + 1)$。

（2）基础养老金待遇模型

根据现行制度规定，年化处理后的基础养老金的计发规则以参保职工退休上年度所在地社会平均工资与职工个人指数化缴费工资的平均值为基数，每缴费一年（含视同缴费年限）计发1%，用$R_t^{(base)}$表示t年应支付的基础养老金总和，则有：

$$R_t^{(base)} = \sum_{s=r}^{v} \frac{(1 + \alpha) \cdot \bar{W}_{t-(s-r+1)}}{2} \cdot (r - s_0) \times 1\% \cdot N_{s,t} \quad (4-7)$$

其中：$\alpha = \frac{1}{s'-u} \cdot \sum_{k=0}^{(s'-u-1)} \frac{\tau \cdot W_{u,t'+\{u-[s-(t-t')]\}}}{\bar{W}_{u,t'+\{u-[s-(t-t')]\}}} \cdot \left(\frac{1+g_1}{1+g_2} \right)^k$；$u =$

$\max[s_0, s - (t - t')]$；$v = \min(r + (t - t'' - 1), \omega)$。

式（4-7）中，α为职工的平均缴费工资指数，即职工每年的缴费基数与当年社会平均工资比值的平均数。t_0表示t年s岁职工参加工作的年份［满足：$t_0 = t - (s - s_0)$］，$\bar{W}_{t-(s-r+1)}$表示t年s岁的退休职工退休前一年的社会平均工资，W_{s_0,t_0}和$\bar{W}_{s_0,t_0}$分别表示职工刚参加工作年份的个人工资和当时的社会平均工资，g_1和g_2分别表示二者的年均增长率；v为能够领取基础养老金的退休职工的年龄上限（他们的年龄再上升，他们就变成"老人"了，只能领取"老人"养老金）。

（3）过渡性养老金待遇模型

过渡性养老金是支付给"中人"的补偿性养老金，用于解决个人账户年限不足的问题，目的是确保在基本养老保险制度的过渡期内，不同类型退休职工群体的养老金待遇不至于相差太大。目前，过渡性养老金并没有一个全国统一的计发办法及标准，然而这并不重要，因为随着时间推移，"中人"群体将逐步消失，过渡性养老金也将逐步退出历史舞台。但是，为了更贴近实际，我们采纳多数省份的做法，在过渡性养老金的计发模型中综合考虑社会平均工资、职工平均缴费工资指数和视同缴费年限三个重要因素，即退休职工每年可以领取的过渡性养老金数额以职工退休前一年的社会平均工资乘以职工平均缴费工资指数为基础，每一年视同缴费年限，支付一个过渡因子（用百分数表示）。用 ρ 表示过渡因子，则 t 年的过渡性养老金待遇模型为：

$$R_t^{(transition)} = \sum_{s=r}^{v} \bar{W}_{t-(s-r+1)} \cdot a \cdot (t' - t_0) \cdot \rho \cdot N_{s,t} \qquad (4-8)$$

其中，$v = \min(r + (t - t'' - 1), \omega)$，$t_0$ 表示 t 年 s 岁职工参加工作的年份 [满足：$t_0 = t - (s - s_0)$]，$t' - t_0$ 为视同缴费年限。

（4）个人账户养老金待遇模型

个人账户养老金待遇由职工退休时个人账户积累值和养老金计发时限所决定。由于个人账户养老金的领取人群为"新人"和"中人"，即当前所有在职职工未来的养老金均含有个人账户养老金，因此结合前述个人账户积累值模型，我们便可得到 t 年 s 岁职工的个人账户养老金待遇模型，即：

$$R_{s,t}^{(person)} = L_{s,t} \cdot (1 + j)^{s-r} \cdot \frac{1}{N} \qquad (4-9)$$

其中，$R_{s,t}^{(person)}$ 为 t 年 s 岁职工能够领取的个人养老金数额，j 为个人账户养老金的年增长率，N 为个人账户养老金的计发时限，s 的取值范围为 $[r, \min(r + (t - t'' - 1), \omega)]$。

4. 个人账户缺口模型

个人账户缺口仅存在于统账"分账管理"方式下，当退休职工的实际死亡率优于养老金制度设计时的预定死亡率时，则实际寿命将超过制度设计时的预期寿命，即出现长寿风险，此时，职工个人账户的养老金积累额将耗尽，而职工仍然生存，这时便出现个人账户缺口，实践中该缺口由统筹账户进行抵补，以保证长寿职工在剩余生命周期里仍能继续领取个人账户养老金。因此，第 t 期个人账户养老金需要由统筹账户进行抵补的缺口总额 $\left[\ U^{(2)}(t)\ \right]$ 就可表示为第 t 期个人账户养老金存在缺口的职工的分年龄缺口 $\left[\ U_{s,t}^{(2)}\ \right]$ 总和，即：

$$U^{(2)}(t)\ =\ \sum_{s=r}^{\min(r+(t-t''-1),\,\omega)} U_{s,t}^{(2)} \cdot N_{s,t} \qquad (4-10)$$

对于分年龄职工个人账户养老金缺口的测算，我们比较第 t 期 s 岁职工在退休时的个人缴费积累值继续积累至第 t 期时的账户价值，与职工从退休开始至第 t 期每一期领取的个人账户养老金数额全部积累至第 t 期的总价值：当前者不小于后者，则分年龄个人养老金缺口为零；当前者小于后者，则分年龄个人养老金缺口为二者之差。用公式表示为：

$$\begin{cases} U_{s,t}^{(2)} = 0, & \text{如果}\ L_{s,t} \cdot (1+i)^{s-r} \geq R_{s,t}^{(person)} \cdot \ddot{s}_{\overline{s-r}|\,i} \\ U_{s,t}^{(2)} = \left[\ R_{s,t}^{(person)} \cdot \ddot{s}_{\overline{s-r}|\,i} - L_{s,t} \cdot (1+i)^{s-r}\ \right], & \text{如果}\ L_{s,t} \cdot (1+i)^{s-r} < R_{s,t}^{(person)} \cdot \ddot{s}_{\overline{s-r}|\,i} \end{cases}$$
$$(4-11)$$

式（4-11）中，$\ddot{s}_{\overline{s-r}|\,i}$ 表示 $s-r$ 期期初付年金的积累因子，$R_{s,t}^{(person)} \cdot \ddot{s}_{\overline{s-r}|\,i}$ 表示 t 年 s 岁退休职工从退休年份开始到 t 年停止时每年领取的个人账户养老金的积累值总和。

对于统账"混账管理"方式，如前所述，个人账户和统筹账户的历年缴费可以合并计算，进入统一账户，包括个人账户养老金在内的各类养老金都从统一账户中支出。因此，在这种情况下无须考虑个人账户缺口，只需计算 t 年应支付的个人账户养老金总额，即：

$$R_t^{(person)} = \sum_{s=r}^{\min(r+(t-t''-1),\,\omega)} L_{s,t} \cdot (1+j)^{s-r} \cdot \frac{1}{N} \cdot N_{s,t} \qquad (4-12)$$

（二）数值模拟

1. 参数设置及数值选取

作为后续测算的依托和基础，我们首先需要对现行城镇职工基本养老保险制度中的三类人群"老人""新人"和"中人"进行界定。1997年，《国务院关于建立统一的企业职工基本养老保险制度的决定》（国发〔1997〕26号，下称"1997年规则"）最早明确了"老人"、"新人"和"中人"的内涵，即"本决定实施前已经离退休的人员为'老人'，本决定实施后参加工作的人员为'新人'，本决定实施前参加工作、实施后退休的人员为'中人'"。这一界定后来得到了理论界和实务界，包括人社部的普遍认可并被采用。然而，鉴于"1997年规则"实施后出现的种种问题和弊端，2005年，《国务院关于完善企业职工基本养老保险制度的决定》（国发〔2005〕38号，下称"2005年规则"）对养老金给付规则重新进行调整，规定："在本决定实施前已经离退休的人员，仍按国家原来的规定发给基本养老金；国发〔1997〕26号文件实施后参加工作、缴费年限（含视同缴费年限）累计满15年的人员，退休后按月发给基本养老金；国发〔1997〕26号文件实施前参加工作、本决定实施后退休且缴费年限累计满15年的人员，在发给基础养老金和个人账户养老金的基础上，再发给过渡性养老金"。显然，"2005年规则"已经对原先"老人"、"新人"和"中人"的界定进行了修订。由于现行企业职工基本养老保险制度包括缴费和养老金待遇支付在内的各项规定均来自"2005年规则"，因此在模型的参数设置、数值选取及后续测算中，我们基于"2005年规则"，沿用其中对"新人"、"老人"和"中人"的界定（见表4-1）。

表 4 -1　2005 年规则对老人、中人和新人的界定

人群	界定标准
老人	2005 年规则实施之前已经退休的职工*
中人	2005 年规则实施前参加工作,2005 年规则实施后退休的职工
新人	2005 年规则实施后参加工作的职工

注：* 按照 "2005 年规则"，在 1997 年以前参加工作、1997 ~ 2005 年退休的职工应该属于 "1997 年规则" 下的 "中人"，为了测算方便，我们将这部分职工也归为 "老人"；这样的处理对测算结果并不会产生太大的影响，因为这部分职工相对于全体职工而言毕竟是少数，作为 "老人" 和 "中人" 的养老金待遇也相差不大，并且随着时间推移人数也将逐步趋减为零。

由此，我们选择 "2005 年规则" 开始实施的年份，即 2006 年作为现行城镇职工基本养老保险制度实施的元年，并将 2005 年底城镇职工基本养老保险账户余额作为 2006 年新制度开启时的原始资本金［即 $U(2005)$］，得到前述模型中 $t' = 1997$，$t'' = 2006$。模型中其他参数的设置和赋值如下。

（1）职工参加工作年龄

根据《义务教育法》的相关规定，六周岁开始接受义务教育，按照正常受教育年限，本书假设职工参加工作的年龄（s_0）为 22 岁，且职工一参加工作便参保。

（2）职工退休年龄[①]

鉴于企事业单位职工目前仍存在较为严重的提前退休现象，因此对于企事业单位职工的退休年龄，本书采用北京大学郑伟、陈凯、林山君合著的《中国养老保险制度中长期测算及改革思路探讨》中测算的平均实际退休年龄，即男性职工为 56 岁，女性职工为 50 岁；

[①] 人社部相关负责人多次在不同场合表示，我国目前实际的平均退休年龄大约只有 54 岁。本书中对于企业单位男女职工的退休年龄分别设置为 56 岁和 50 岁，对于灵活就业人员，设置为男性 60 岁、女性 55 岁，如果按照各个职工群体人数进行加权平均，则平均退休年龄为 54.3 岁，四舍五入即为 54 岁，因此我们对不同群体职工退休年龄的设置是比较符合实际情况的。

灵活就业人员由于并未强制参加城镇职工基本养老保险，根据课题组的走访调查，在自愿参保的情况下，他们基本都能遵循制度相关规定（至少遵循制度的最低要求），因此我们根据相关规定，设置灵活就业人员领取养老金的年龄为：男性为 60 岁，女性为 55 岁。

（3）分年龄参保人数

各年分年龄参保职工人数由基年（2006 年）分年龄参保职工人数、参保职工人数增长因子和人口分年龄死亡模型共同决定，其中参保职工人数增长因子包括在职参保人数增长率和退休参保人数增长率。2016 年 2 月 29 日，人力资源和社会保障部部长尹蔚民在国新办新闻发布会上表示，至 2020 年，中国的养老保障实现全民覆盖；同年，"十三五"规划中也提出了社会保险全覆盖的目标。基于此，对于在职参保人数增长率和退休参保人数增长率，我们分两个阶段进行设置：2006～2020 年（基本养老保险完成覆盖之前），上述两个增长率假定继续保持 2009～2015 年的增长率，即 6.72% 和 7.86%[①]；2021 年基本养老保险全覆盖以后，假定上述两个增长率与城镇就业人口和离退休人口的增长率一致，我们分别取两者近十年的平均增长率，即 3.36% 和 6.43%[②]。人口分年龄死亡模型采用 2000～2003 年中国国民生命表，极限年龄取 100 岁；基年分年龄职工人数根据 2010 年第六次全国人口普查数据结合上述设定推导测算得出。

（4）工资水平及其增长率

在设定工资水平之前，我们需要先对工资增长率提出假设。国家统计局公布的数据显示，近十年，中国城镇单位在岗职工平均工资水平呈现高速增长趋势，涨幅都在 9% 以上，十年间平均涨幅为13.2%。然而，随着经济进入新常态，经济增长水平逐步回落，工资水平必然无法延续如此高的增长速度。因此，综合考虑工资水平

---

① 根据《中国社会保险发展年度报告 2015》相关数据推算得出。
② 根据《中国统计年鉴 2016》相关数据推算得出。

和经济增长的相关关系及未来经济增长态势，我们将职工个人工资和社会平均工资增长率的平均水平都设定为5%。

对于工资水平，2006年，中国城镇单位在岗职工的平均工资为21001元，由于该数值是不同行业不同年龄职工工资的综合平均水平，将其直接作为职工的起始工资并不合理，因此我们需要对职工的基年工资水平重新进行测算。不考虑行业间工资水平差距，我们假设平均工资是所有年龄段劳动者工资的（人数）加权平均值，且工资随职工年龄、资历的上升和累积呈指数形式上涨，结合前述对职工工资增长率的设定及对2006年分年龄职工人数的测算，可以推算2006年22岁职工的起始工资为9261元。

（5）养老保险基金投资收益率

人力资源和社会保障部发布的《中国社会保险发展年度报告2014》显示，2009～2014年城镇职工基本养老保险基金投资的平均收益率为2.43%。据此，本书将个人账户基金和统筹账户基金在缴费期和领取期的投资收益率均统一设定为2.43%。2009～2014年城镇职工基本养老保障基金投资收益率见图4-1。

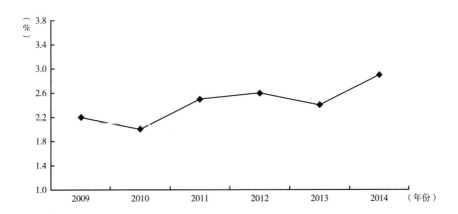

图4-1　2009～2014年城镇职工基本养老保险基金投资收益率

资料来源：《中国社会保险发展年度报告2014》。

（6）缴费率

根据"2005年规则"，企业职工基本养老保险的企业缴费比例为20%，个人缴费比例为8%，分别进入统筹账户和个人账户；灵活就业人员的缴费比例为20%，其中8%进入个人账户，12%进入统筹账户。

（7）缴费工资系数

缴费工资系数是缴费基数与工资水平的比值，用于确定缴费基数。根据社会保障相关法律规定，职工缴纳各类社会保险的缴费基数应不低于社会平均工资水平的60%，且不高于社会平均工资水平的300%，即缴费工资系数为60%～300%，可由企业或职工自行确定并申报。然而，从多年实践来看，许多企业为了节约"成本"，故意压低申报工资总额，或选择较低的缴费工资系数来降低社保缴纳成本，尤其是灵活就业人员，大多按照最低标准（60%）缴纳。根据图4－2，2009～2014年实际缴费基数均不及职工工资水平的70%，且呈现逐年下降的趋势。当然，目前，相关部门也采取许多措施鼓励职工按时按量缴费，旨在提高社保缴费基数，然而解决这一问题实非一朝一夕能够完成的。因此，对于企事业单位，我们将缴费工资系数设定为70%，把灵活就业人员的缴费工资系数设定为60%。2009～2014年城镇职工基本养老保险缴费工资系数见图4－2。

（8）遵缴率

遵缴率是应缴费人数与参保在职职工人数的比例。人力资源和社会保障部发布的《中国社会保险发展年度报告2014》中的数据显示，近年来，城镇职工基本养老保险遵缴率逐年下降，从2009年的87.7%降至2014年的81.2%。遵缴率下降主要源于参保人员在缴费期内由于各种原因中断或停止缴费。当然，随着政策宣传的深入、职工参保意识的增强和制度管理水平的提高，断缴或停缴情况将有所改善，遵缴率也将有所提升。然而，鉴于其具有复杂性，该问题要想得到彻底解决仍需很长一段时间。因此，在测算中，我们统一将各类职工的遵缴率设置为80%。

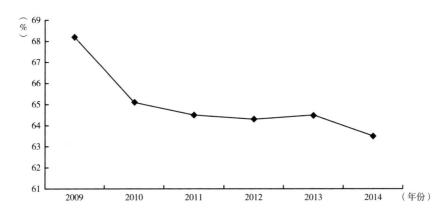

图 4 - 2　2009 ~ 2014 年城镇职工基本养老保险缴费工资系数

资料来源：根据《中国社会保险发展年度报告 2014》《中国统计年鉴 2015》相关数据测算得到。

（9）缴费期限

当前许多有关社保基金测算的研究大都将缴费期限设置为全程，即从职工参加工作直至退休（按法定退休年龄），这与实际存在较大的差异，实际情况是由于断缴、提前退休等因素，基本养老保险的缴费年限偏短。因此，对于企业与机关事业单位职工，我们仍然假定缴费年限区间为从参保直至退休，不同的是，我们在测算时所用的退休年龄是前述北京大学郑伟等人测算的平均实际退休年龄（即男性职工为 56 岁，女性职工为 50 岁）；对于灵活就业人员，我们假定其仅按照最低年限要求进行缴费，即 15 年[①]。

（10）养老金增长率

为了抵制通货膨胀的影响，中国退休职工养老金待遇已经连续多年上调。根据人力资源和社会保障部有关基本养老金调整的通知和各地具体的实施细则，养老金调整所需的资金按比例分别从统筹

---

① 在走访调查中，我们发现灵活就业人员大多按照领取养老金的最低缴费年限（15 年）进行缴费，在有些地区，部分灵活就业人员甚至在规定的领取养老金年龄前 15 年才参保，有的缴完 15 年后直接断缴。

账户和个人账户支出。因此，我们结合历年 CPI，将由统筹账户支付的各类养老金和个人账户养老金的增长率统一设定为 3%。

（11）"老人"养老金替代率

对于企业职工基本养老保险制度中的"老人"，根据相关社保法规，养老金待遇采用替代率标准。国务院在 1978 年颁布的《关于工人退休退职暂行办法》规定，依据参加工作的历史时期及连续工龄的不同，离退休职工的养老金替代率为 60% ~ 90%。然而，随着经济发展，职工收入增加，替代率水平逐年下降，根据《2006 年度劳动和社会保障事业发展统计公报》中的相关数据推算，2006 年，全国离退休职工养老金替代率的平均水平不足 25%。本书基于适度原则，并借鉴郝勇、周敏、郭丽娜（2010）测算的养老金替代率理论水平，将"老人"养老金替代率起始水平设置为 40%，即 $\delta(i) = 0.4$。

（12）过渡系数

结合多数省份对于过渡性养老金中过渡系数或过渡因子的规定，本书取 1.2%，即 $\rho = 1.2\%$。

（13）个人账户养老金计发年限

根据"2005 年规则"规定计算个人账户养老金计发时限，企业职工基本养老保险个人账户计发时限如表 4 - 2 所示，将表 4 - 2 中的计发月数数据除以 12 即为年化处理后的计发时限。

表 4 - 2　企业职工基本养老保险个人账户计发时限

单位：月

退休年龄	计发月数	退休年龄	计发月数	退休年龄	计发月数
50 岁	195	57 岁	158	64 岁	109
51 岁	190	58 岁	152	65 岁	101
52 岁	185	59 岁	145	66 岁	93
53 岁	180	60 岁	139	67 岁	84
54 岁	175	61 岁	132	68 岁	75
55 岁	170	62 岁	125	69 岁	65
56 岁	164	63 岁	117	70 岁	56

2. 数值模拟及测算结果分析

当前，城镇职工基本养老保险的参保对象的类别较为复杂，涉及企业职工、机关事业单位职工、灵活就业人员等，对不同对象的政策规定不完全相同，而且男性职工和女性职工退休年龄政策也存在差异。因此，为了使模拟测算的结果更符合实际，我们将参保职工分为四类并分别进行测算①，他们是企事业单位男性职工、企事业单位女性职工、男性灵活就业人员、女性灵活就业人员，最后再综合分析整个基本养老保险制度的破产边界和偿付能力。

根据式（4-1）至式（4-12）及前述参数设定和数值选取，我们从"2005 年规则"实施的 2006 年开始，对统筹账户的破产边界和偿付能力进行为期 100 年的模拟测算，考虑的年龄跨度为 22 岁至极限年龄，并以 2005 年末城镇职工基本养老保险基金余额 4041 亿元作为原始资本金（最后综合测算基本养老保险制度整体破产边界时考虑）。

（1）统账"分账管理"方式

在统账"分账管理"方式下，由于个人缴费全部仅用于个人账户养老金的支付，直至个人账户资金耗尽，因此统筹账户的缴费收入仅考虑企业缴费。表 4-3 至表 4-7 为测算结果，显示的是每隔五年及标志性年份的测算数据。

其中，表 4-3 至表 4-6 显示的是，在没有原始资本金的情况下，四个参保职工群体统筹账户的收支情况，体现了不同类型职工群体对基本养老保险制度可持续性的不同影响。从这些表中我们可以看到，企事业单位男性职工和女性职工的账户收支余额从 2006 年起都已呈现负值，这表明在制度运作之初，企事业单位的职工便已陷入

---

① 从 2015 年起，机关事业单位职工开始参加城镇职工基本养老保险，两个制度并轨，缴费和待遇规定基本一致，因此，在测算中，我们将两类职工进行合并。

收不抵支的"窘境",而从这些数据中,我们很容易发现,造成这一结果最主要的原因是制度从一建立起就需负担起沉重的已退休"老人"的养老负担,比如,2006 年,企事业单位男女职工全年的缴费收入分别为 1800 亿元和 1050 亿元,而同期分别需要负担的"老人"养老金高达 2329 亿元和 1959 亿元,这就是中国基本养老保险制度改革从一开始就需要面对的极其严峻的"历史债务"问题。灵活就业人员由于无须支付"老人"养老金,账户状况会好一些,然而由于缴费收入的增长速度赶不上各项养老金的"吸金"速度,男性和女性参保人员也很快并分别于 2037 年和 2027 年出现账户资金缺口。另外,在对数据进行分析时我们发现,无论是企事业单位职工,还是灵活就业人员,男性群体的账户支付能力都要略优于女性群体,比如企事业单位,虽然男女职工在 2006 年都出现了账户缺口,但女性缺口为 996 亿元,大于男性的 675 亿元,而灵活就业人员中男性出现账户缺口的时间也晚于女性 10 年。

表 4 - 3　2006 ~ 2105 年分账管理方式下统筹账户收支及结余
(企事业单位男性职工群体)

单位:亿元

年份	企业缴费额	老人养老金支付额	基础养老金支付额	过渡性养老金支付额	个人账户缺口数额	年末收支余额
2006	1800	2329	85	62	0	- 675
2010	2839	2543	561	372	0	- 3318
2015	5015	2758	1694	970	0	- 5894
2020	8861	2895	3891	1838	0	- 6294
2021	9617	2875	4467	2013	9	- 6041
2025	13341	2393	7651	2794	339	- 5108
2030	20086	1441	14229	3523	1795	- 6935
2035	30242	647	25410	3595	4911	- 20182
2040	45532	200	44590	3368	10570	- 65446
2045	68553	58	77810	2742	20535	- 183893

续表

年份	企业缴费额	老人养老金支付额	基础养老金支付额	过渡性养老金支付额	个人账户缺口数额	年末收支余额
2050	103214	0	135647	1808	38144	– 455244
2055	155398	0	236416	905	68579	– 1031102
2060	233967	0	412044	343	120898	– 2192592
2065	352260	0	718141	97	211352	– 4454947
2070	530362	0	1251632	21	368575	– 8755636
2075	798513	0	2181441	0	642436	– 16789186
2080	1202239	0	3801984	0	1119687	– 31600414
2085	1810088	0	6626392	0	1951477	– 58633675
2090	2725265	0	11548988	0	3401184	– 107584814
2095	4103153	0	20128468	0	5927847	– 195664143
2100	6177699	0	35081450	0	10331509	– 353336324
2105	9301130	0	61142661	0	18006552	– 634403958

表 4 – 4　2006～2105 年分账管理方式下统筹账户收支及结余
（企事业单位女性职工群体）

单位：亿元

年份	企业缴费额	老人养老金支付额	基础养老金支付额	过渡性养老金支付额	个人账户缺口数额	年末收支余额
2006	1050	1959	51	34	0	– 996
2010	1655	2294	420	253	0	– 5790
2015	2924	2451	1442	724	0	– 13471
2020	5166	2637	3385	1287	0	– 23269
2024	7167	2681	5796	1580	1	– 33656
2025	7778	2649	6603	1621	16	– 36767
2030	11711	2222	12373	1772	433	– 57541
2035	17631	1424	22450	1900	1821	– 95969
2040	26546	731	39761	1888	4705	– 174491
2045	39967	268	69662	1597	10002	– 334708
2050	60175	78	121552	1059	19213	– 652883

续表

年份	企业缴费额	老人养老金支付额	基础养老金支付额	过渡性养老金支付额	个人账户缺口数额	年末收支余额
2055	90599	9	211897	563	34920	- 1268310
2056	98325	0	236801	485	39200	- 1446471
2060	136405	0	369316	233	61763	- 2433441
2065	205372	0	643672	70	108081	- 4603037
2070	309207	0	1121841	15	188524	- 8592958
2075	465541	0	1955232	0	328610	- 15860557
2080	700918	0	3407729	0	572728	- 28999175
2085	1055301	0	5939253	0	998194	- 52608928
2090	1588858	0	10351389	0	1739729	- 94827935
2095	2392182	0	18041200	0	3032135	- 170021633
2100	3601664	0	31443597	0	5284638	- 303500765
2105	5422658	0	54802331	0	9210476	- 539790707

表 4 – 5 2006 ~ 2105 年分账管理方式下统筹账户收支及结余
（男性灵活就业人员）

单位：亿元

年份	企业缴费额	基础养老金支付额	过渡性养老金支付额	个人账户缺口数额	年末收支余额
2006	161	6	11	0	147
2010	254	42	68	0	771
2015	449	124	176	0	1662
2019	707	247	311	3	2462
2020	792	290	353	8	2668
2025	1193	567	562	88	3296
2030	1796	1036	760	286	2768
2035	2705	1830	823	582	772
2037	3186	2289	803	726	- 433
2040	4072	3198	754	977	- 2754
2045	6131	5576	610	1537	- 9001

年份	企业 缴费额	基础养老 金支付额	过渡性养老 金支付额	个人账户 缺口数额	年末收支 余额
2050	9231	9718	400	2383	−21451
2055	13898	16938	200	3806	−47949
2060	20925	29521	76	6379	−104918
2065	31505	51451	22	10990	−223694
2070	47433	89672	5	19110	−462005
2074	65804	139853	0	29794	−807090
2075	71416	156288	0	33294	−925256
2080	107523	272390	0	58028	−1805036
2085	161887	474743	0	101135	−3447417
2090	243736	827418	0	176266	−6474042
2095	366969	1442088	0	307211	−11996235
2100	552507	2513383	0	535430	−21992856
2105	831853	4380517	0	933190	−39975998

表 4 - 6　2006 ~ 2105 年分账管理方式下统筹账户收支及结余
（女性灵活就业人员）

单位：亿元

年份	企业 缴费额	基础养老金 支付额	过渡性养老 金支付额	个人账户 缺口数额	年末收支 余额
2006	113	7	10	0	100
2010	179	47	61	0	467
2015	315	137	153	0	798
2020	557	309	279	0	911
2022	656	406	331	1	829
2025	839	605	411	19	422
2027	988	779	456	48	−111
2030	1263	1121	488	122	−1341
2035	1902	2003	491	330	−4933
2040	2864	3518	462	636	−11837

年份	企业缴费额	基础养老金支付额	过渡性养老金支付额	个人账户缺口数额	年末收支余额
2045	4312	6143	374	1058	–24758
2050	6492	10709	243	1676	–48934
2055	9775	18665	128	2722	–94953
2060	14717	32531	53	4591	–183098
2065	22157	56698	16	7920	–350545
2070	33360	98818	3	13773	–664408
2074	46280	154116	0	21474	–1099130
2075	50227	172227	0	23997	–1245128
2080	75622	300171	0	41824	–2308166
2085	113856	523161	0	72895	–4237594
2090	171421	911805	0	127047	–7715804
2095	258092	1589164	0	221427	–13951724
2100	388582	2769717	0	385920	–25081879
2105	585049	4827278	0	672611	–44874408

　　表4-7显示的是城镇职工基本养老保险统筹账户整体收支与结余数据，与前述测算不同，这里我们考虑了制度的原始资本金（4041亿元）。从测算的数据中，我们可以看到，统筹账户的缴费额由于参保职工人数的递增及工资水平的上涨而呈上升趋势；"老人"养老金支付额呈先升后降的趋势，在2020年达到最高（5533亿元），之后随着"老人"数量的逐年减少，到2056年时，基本养老金系统中的"老人"全部离世，应支付的"老人"养老金也递减为0；基础养老金是统筹账户支付的主体，支付对象包括"中人"和"新人"，随着人口老龄化程度提高，这部分人的数量在未来100年快速上升，从而引致基础养老金快速递增；过渡性养老金支付额与"老人"养老金相似，都呈先升后降趋势，在制度建立的初期，过渡性养老金支付额随着"中人"退休数量的增加而上升，到2034年达到最高的6815亿元，之后"中人"逐步离世，"中人"群体数量逐

步减少，过渡性养老金支付额也随之不断递减，2075年，"中人"退出历史舞台，应支付的过渡性养老金也递减为0；个人账户养老金缺口来自个人账户缴费积累值与历年支付的个人账户养老金的积累值之差，在制度建立初期，由于个人账户养老金支付的期数不多，无论哪个年龄段职工的个人账户积累值都足以应对，因此不存在个人账户缺口，但随着职工个人寿命的不断延长，长寿风险显现，账户资金缺口出现，并快速扩大，在"老人"养老金和过渡性养老金的支付额逐步递减的过程中，个人账户养老金缺口抵补加上基础养老金的支付成为"压垮"统筹账户的主要力量。由于在封闭系统中，"老人"养老金、基础养老金、过渡性养老金的支付和对个人账户缺口的弥补，所需的资金都来自统筹账户的缴费和原始资金，从表4-7的年末收支余额中可以看出，统筹账户仅在制度开始实施之初有两年的盈余，2008年便陷入长期的收不抵支状态，而且缺口也随着时间的推移不断变大，从理论上讲，如果没有系统外的资金注入，则现在统筹账户已经"破产"了①。

表4-7　分账管理方式下统筹账户收支及结余
（制度整体）

单位：亿元

年份	企业缴费额	老人养老金支付额	基础养老金支付额	过渡性养老金支付额	个人账户缺口数额	年末收支余额
2005	—	—	—	—	—	4041
2006	3124	4288	149	117	0	2674
2008	3923	4606	525	392	0	-423
2010	4926	4837	1071	754	0	-3837
2015	8703	5209	3398	2023	0	-13137

---

① 城镇职工基本养老保险制度至今还能够维持，且资金结余还在增加，除了有中央和地方财政资金等系统外资金的注入外，没有严格执行统账"分账管理"是主要原因，这一点我们在下文对"混账管理"方式进行测算时便可验证。

年份	企业 缴费额	老人养老 金支付额	基础养老 金支付额	过渡性养老 金支付额	个人账户 缺口数额	年末收支 余额
2019	13723	5506	6724	3369	3	-20834
2020	15377	5533	7875	3756	8	-22628
2025	23151	5042	15425	5389	463	-35283
2030	34857	3663	28759	6543	2637	-60548
2035	52480	2071	51693	6809	7644	-118012
2036	56956	1780	57961	6794	9099	-136690
2040	79014	930	91067	6471	16889	-252233
2045	118964	326	159190	5323	33131	-550064
2050	179111	78	277627	3511	61416	-1176217
2055	269670	9	483915	1796	110027	-2440018
2056	292667	0	540786	1528	123320	-2812986
2060	406014	0	843411	705	193630	-4911753
2065	611294	0	1469962	204	338343	-9629927
2070	920363	0	2561963	44	589982	-18472711
2075	1385696	0	4465187	0	1028338	-34817830
2080	2086302	0	7782274	0	1792266	-64710497
2085	3141131	0	13563548	0	3123700	-118925318
2090	4729281	0	23639599	0	5444226	-216600300
2095	7120395	0	41200920	0	9488619	-391631439
2100	10720452	0	71808147	0	16537498	-703909529
2105	16140690	0	125152787	0	28822829	-1259042774

为了更好地刻画职工基本养老保险统筹账户资金平衡状况随时间的变化趋势，我们借鉴保险公司偿付能力指标定义基本养老保险系统的偿付能力充足率（k），并用当年统筹账户缴费收入与上一年度账户余额之和作为基本养老保险系统的"实际资本"，用当年"老人"养老金、基础养老金、过渡性养老金和个人账户缺口四项支出总和作为基本养老保险系统的"最低资本"，则有：

$$k = \frac{U(t-1) + P^{(1)}(t)}{R_t^{(old)} + R_t^{(base)} + R_t^{(transition)} + U^{(2)}(t)} \times 100\% \qquad (4-13)$$

由于基本养老保险统筹账户实行现收现付模式，因此偿付能力充足率（k）反映了基本养老保险系统内资金的充盈程度及当期的偿付能力水平，k 越大，系统内资金越充足，偿付压力就越小。当 k 大于 100% 时，表明基本养老保险统筹账户资金足以应付当年所有支出，基本养老保险系统是可持续的；当 k 小于 100% 时，表明基本养老保险统筹账户资金不足以应付当年支出，基本养老保险系统已然不可持续，面临"破产"危机。将基本养老保险统筹账户历年偿付能力充足率连成一条曲线，便可反映基本养老保险统筹账户资金平衡状况随时间的变化趋势（见图 4 - 3）。

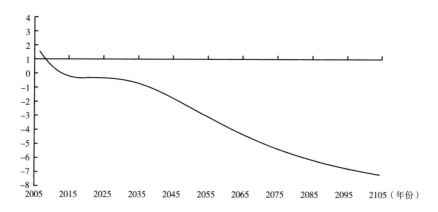

图 4 - 3　基本养老保险统筹账户偿付能力充足率曲线（分账管理）

在图 4 - 3 中，横坐标轴与纵坐标轴相交于刻度 1 上，即偿付能力充足率为 100%，则横坐标轴上方的曲线代表基本养老保险系统的偿付能力充足率大于 100%，下方的曲线代表偿付能力充足率小于 100%，即偿付能力不足。从图 4 - 3 中可以看出，基本养老保险统筹账户的偿付能力在制度建立后就持续下降，从 2008 年开始便进入横坐标轴下方，偿付能力显现不足；2013 年，偿付能力充足率更是下降到 0 以下（负值），这表明 2013 年及以后企业职工基本养老金系统的收入连往年积存的债务都不足以偿付。

（2）统账"混账管理"方式

在统账"混账管理"方式下，实务中，统筹账户缴费和个人账户缴费被汇集进统一的基金池，统一用于支付各类养老金，或者当统筹账户出现收不抵支时，个人账户基金被挪用以填补缺口，无论哪种情况，这时个人账户都成为名义上的账户，账户上的基金实际上已并入统筹账户，个人账户养老金按照原先的计发办法确定后实则也从统筹账户一并支出。因此，为测算"混账管理"方式下职工基本养老保险制度的破产边界，我们将企业缴费和个人缴费合并进统筹账户，一并用于支付"老人"养老金、基础养老金、过渡性养老金和个人账户养老金。表4-8至表4-12显示的是每隔五年及标志性年份的测算数据。

其中，表4-8至表4-11是在没有原始资本金情况下分职工群体的测算数据，从中我们可以看到，由于个人账户没有分离出来单独管理，企业缴费和个人缴费都进入统筹账户，账户收入因此大幅增加，从而延迟了统筹账户收支缺口出现的时间或压缩了缺口。比如，在同样严峻的"历史债务"及人口老龄化背景下，企事业单位男性职工统筹账户收不抵支的情况首次出现在2048年，企事业单位女性职工统筹账户缺口虽然出现在制度运作之初（2006年），但比统账"分账管理"下少了412亿元，而灵活就业男性参保人员和女性参保人员的统筹账户缺口出现的时间亦分别推延至2071年和2052年。

表4-8　2006~2105年混账管理方式下统筹账户收支及结余
（企事业单位男性职工群体）

单位：亿元

年份	缴费额	老人养老金支付额	基础养老金支付额	过渡性养老金支付额	个人账户缺口数额	年末收支余额
2006	2521	2329	85	62	19	27
2010	3974	2543	561	372	142	940
2015	7022	2758	1694	970	492	5178

续表

年份	缴费额	老人养老金支付额	基础养老金支付额	过渡性养老金支付额	个人账户缺口数额	年末收支余额
2020	12405	2895	3891	1838	1258	15841
2025	18678	2393	7651	2794	2680	33426
2030	28121	1441	14229	3523	5314	56281
2035	42339	647	25410	3595	9960	81228
2040	63745	200	44590	3368	17986	92619
2045	95974	58	77810	2742	31889	52126
2048	122682	18	108612	2199	44752	- 27576
2050	144499	0	135647	1808	56021	- 116877
2055	217557	0	236416	905	97935	- 548262
2060	327554	0	412044	343	170840	- 1513584
2065	493164	0	718141	97	297813	- 3524813
2070	742507	0	1251632	21	519068	- 7529071
2075	1117918	0	2181441	0	904676	- 15260602
2080	1683134	0	3801984	0	1576740	- 29869270
2085	2534123	0	6626392	0	2748064	- 57037135
2090	3815371	0	11548988	0	4789538	- 106957067
2095	5744414	0	20128468	0	8347578	- 197830282
2100	8648778	0	35081450	0	14548804	- 362036152
2105	13021582	0	61142661	0	25356779	- 656996953

表 4 - 9　2006 ~ 2105 年混账管理方式下统筹账户收支及结余
（企事业单位女性职工群体）

单位：亿元

年份	缴费额	老人养老金支付额	基础养老金支付额	过渡性养老金支付额	个人账户缺口数额	年末收支余额
2006	1470	1959	51	34	9	- 584
2010	2317	2294	420	253	80	- 3315
2015	4094	2451	1442	724	313	- 7297
2020	7232	2637	3385	1287	822	- 11701

年份	缴费额	老人养老金支付额	基础养老金支付额	过渡性养老金支付额	个人账户缺口数额	年末收支余额
2025	10889	2649	6603	1621	1752	-18550
2030	16395	2222	12373	1772	3462	-31757
2035	24684	1424	22450	1900	6470	-59855
2040	37164	731	39761	1888	11682	-122813
2045	55954	268	69662	1597	20715	-260048
2050	84244	78	121552	1059	36379	-546820
2055	126838	9	211897	563	63582	-1125036
2056	137655	0	236801	485	71073	-1295740
2060	190967	0	369316	233	110909	-2257086
2065	287520	0	643672	70	193340	-4421598
2070	432890	0	1121841	15	336980	-8484821
2075	651758	0	1955232	0	587317	-16005254
2080	981285	0	3407729	0	1023621	-29773317
2085	1477421	0	5939253	0	1784046	-54764416
2090	2224402	0	10351389	0	3109373	-99818982
2095	3349055	0	18041200	0	5419256	-180599172
2100	5042330	0	31443597	0	9445098	-324785172
2105	7591721	0	54802331	0	16461647	-581196747

表 4-10　2006~2105 年混账管理方式下统筹账户收支及结余
（男性灵活就业人员）

单位：亿元

年份	企业缴费额	基础养老金支付额	过渡性养老金支付额	个人账户缺口数额	年末收支余额
2006	268	6	11	2	257
2010	423	42	68	14	1503
2015	748	124	176	47	3735
2020	1321	290	353	108	7131
2025	1989	567	562	199	11831

年份	企业 缴费额	基础养老金 支付额	过渡性养老 金支付额	个人账户 缺口数额	年末收支 余额
2030	2994	1036	760	336	18175
2035	4508	1830	823	536	27532
2040	6787	3198	754	859	41870
2045	10219	5576	610	1416	62454
2050	15385	9718	400	2392	89284
2055	23164	16938	200	4115	118911
2060	34875	29521	76	7142	140368
2065	52508	51451	22	12435	127912
2070	79056	89672	5	21669	27047
2071	85797	100210	3	24216	− 11584
2074	109673	139853	0	33795	− 175827
2075	119026	156288	0	37766	− 250855
2080	179205	272390	0	65822	− 855888
2085	269811	474743	0	114719	− 2092106
2090	406227	827418	0	199942	− 4520279
2095	611614	1442088	0	348474	− 9164212
2100	920845	2513383	0	607347	− 17878214
2105	1386422	4380517	0	1058531	− 33999413

表 4 – 11　2006～2105 年混账管理方式下统筹账户收支及结余

（女性灵活就业人员）

单位：亿元

年份	企业 缴费额	基础养老金 支付额	过渡性养老 金支付额	个人账户 缺口数额	年末收支 余额
2006	189	7	10	1	177
2010	298	47	61	13	959
2015	526	137	153	43	2149
2020	929	309	279	94	3757
2025	1399	605	411	173	5688

续表

年份	企业缴费额	基础养老金支付额	过渡性养老金支付额	个人账户缺口数额	年末收支余额
2030	2106	1121	488	296	7796
2035	3170	2003	491	496	10290
2040	4773	3518	462	833	12560
2045	7187	6143	374	1411	12640
2050	10820	10709	243	2420	5651
2052	12745	13374	193	3010	-1239
2055	16291	18665	128	4187	-18161
2060	24528	32531	53	7281	-75125
2065	36929	56698	16	12682	-198670
2070	55600	98818	3	22100	-451214
2074	77134	154116	0	34467	-820650
2075	83712	172227	0	38517	-947683
2080	126036	300171	0	67131	-1897847
2085	189760	523161	0	117001	-3681670
2090	285702	911805	0	203918	-6983077
2095	430153	1589164	0	355405	-13026736
2100	647637	2769717	0	619427	-23996280
2105	975082	4827278	0	1079585	-43771573

表4-12是我们更为关心的统筹账户整体综合收支情况（考虑了原始资本金4041亿元），从中可见，统筹账户的缴费额随着缴费人口数量的增加而呈上升趋势，基础养老金支付额和个人账户养老金支付额随着老龄人口的递增呈上升趋势，"老人"养老金支付额随着"老人"的逐步离世至2056年递减为0，过渡性养老金支付额呈先升后降的趋势，至2075年下降为0。从年末收支余额来看，首次出现负值的时间为2040年，这意味着与统账"分账管理"方式相比，统账"混账管理"方式下制度的破产边界推延了32年。

表 4 - 12　混账管理方式下统筹账户收支及结余
（制度整体）

单位：亿元

年份	企业缴费额	老人养老金支付额	基础养老金支付额	过渡性养老金支付额	个人账户养老金支付额	年末收支余额
2005	—	—	—	—	—	4041
2006	4447	4288	149	117	30	3998
2010	7012	4837	1071	754	248	4337
2015	12389	5209	3398	2023	895	7632
2020	21888	5533	7875	3756	2283	17719
2025	32954	5042	15425	5389	4804	32774
2030	49615	3663	28759	6543	9408	46602
2035	74701	2071	51693	6809	17462	47327
2040	112470	930	91067	6471	31359	- 3160
2045	169334	326	159190	5323	55432	- 179932
2050	254949	78	277627	3511	97213	- 630959
2055	383850	9	483915	1796	169819	- 1652240
2056	416585	0	540786	1528	189816	- 1967786
2060	577924	0	843411	705	296172	- 3806767
2065	870121	0	1469962	204	516270	- 8140811
2070	1310053	0	2561963	44	899818	- 16574342
2075	1972413	0	4465187	0	1568277	- 32600677
2080	2969661	0	7782274	0	2733314	- 62532605
2085	4471115	0	13563548	0	4763830	- 117711610
2090	6731702	0	23639599	0	8302772	- 218415688
2095	10135236	0	41200920	0	14470712	- 400756686
2100	15259590	0	71808147	0	25220675	- 728832101
2105	22974807	0	125152787	0	43956542	- 1316100969

　　我们再来看"混账管理"方式统筹账户的偿付能力充足率，从图 4 - 4 中我们可以直观地看出，2006～2040 年统筹账户偿付能力都保持在 100% 以上，其中峰值出现在 2025 年，偿付能力充足率达到 204%。这里我们便可解释为什么在"分账管理"方式下早在 2008 年就可能"破产"的养老保险制度仍可持续运作至今。多数

省份实质上仍然进行"混账管理",因此至今统筹账户仍具有充足的偿付能力,并且,在 2025 年之前,账户的偿付能力充足率仍将继续上升。

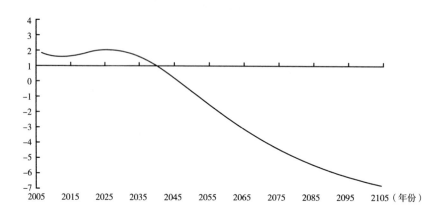

图 4 - 4 基本养老保险统筹账户偿付能力充足率曲线（混账管理）

至此,我们对比"统账结合"模式的两种具体管理方式下统筹账户破产的时间边界和偿付能力充足率,单纯就数据本身而言,很明显可以得出统账"混账管理"方式优于统账"分账管理"方式的结论,这也解释了早在 2000 年国务院便发文要求必须做到统账分离,而许多省份至今仍进行"混账管理"的原因。然而,由于我们测算的是全国水平,是对全国各省份基本养老基金收支结余的综合,从数据上看,虽然进行"混账管理"可以提高制度的偿付能力,并且让制度的"破产"边界推延至 2040 年,但实现这一效果其实是以"全国统筹"或建立一个完善且高效的省际调剂机制或全国调剂制度为条件的。因此,统账"混账管理"表面虽"美",却容易掩盖基本养老保险收支省际不平衡的现实（相关数据参见表 4 - 13）,也进一步模糊了政府、企业和个人在养老保障方面的责任边界,并不能从根本上解决制度的可持续性问题（仅仅是把问题爆发的时间推迟而已）。相比之下,统账"分账管理"方式权责明确,且兼具现收现付和完全积累的优势,通过缴费和待遇挂钩提高了职工参保缴费的积极性①。另外，统账"混账管理"由于本质上属于现收现付制，内在机制是当代人赡养上一代人，而自己的养老又寄希望于下一代人，随着人口老龄化加剧，制度产生极大且无法调和的代际矛盾。

表 4 – 13　2015 年各省份职工基本养老保险基金收支及其结余情况

单位：亿元

省份	收入	支出	当年收支结余	省份	收入	支出	当年收支结余
北京	1601	965	636	湖北	1132	1104	29
天津	594	560	35	湖南	910	849	61
河北	1074	1137	－ 63	广东	2564	1475	1088
山西	689	657	32	广西	479	471	8
内蒙古	568	565	3	海南	168	157	11
辽宁	1630	1743	－ 113	重庆	758	665	93
吉林	569	610	－ 41	四川	1681	1528	153
黑龙江	1031	1223	－ 192	贵州	315	242	73
上海	2226	2035	191	云南	406	329	77
江苏	2154	1845	309	西藏	28	19	9
浙江	1959	1584	375	陕西	605	613	－ 8
安徽	766	605	160	甘肃	312	308	5
福建	520	434	86	青海	103	111	－ 8
江西	606	537	68	宁夏	144	137	7
山东	2106	1845	260	新疆	607	490	117
河南	1027	961	66				

注：表中"收入"数据为城镇职工基本养老保险基金各渠道收入之和，《中国社会保险发展年度报告 2014》中的数据显示，在城镇职工基本养老保险基金收入中，缴费收入占 80% ~83% ，按此比例推算，如果单纯考虑制度内收入和支出，则收不抵支的省份超过 50% 。

资料来源：《中国劳动统计年鉴 2016》。

（3）考虑各级财政补贴后的破产边界

前述我们将城镇职工基本养老保险制度视为一个封闭系统，不

---

① 目前因实施统账分离制度存在的职工参保和缴费积极性不高的问题，在很大程度上源于早年实行"混账管理"所产生的个人账户"空账"问题，以及职工对基本养老保险政策及作用认识不足。

考虑外部资金的注入，考察制度自身应对人口老龄化的能力。从研究结论可知，在当前统账"混账管理"方式下，制度破产边界在2040年，如果严格执行统账"分账管理"，那么制度早在2008年就已破产，正因如此，实际制度运作一直延续"混账管理"。另外，虽然在"混账管理"方式下，城镇职工基本养老保险基金整体上仍能保持平衡，但是由于省际的不平衡及全国统筹机制的缺失，为了保证收不抵支省份养老金如期发放，各级财政的补贴总额逐年增加（见表4-14）。2017年，党的十九大提出建立全国调剂金制度①，使基本养老保险基金在省际能够互通有无，这将在很大程度上解决基本养老保险基金在省际的不平衡问题，提高制度对养老保障压力的自身消化能力，在一定程度上减轻财政补贴的压力。基于此，我们将2006年以后的各级财政补贴纳入前述测算模型中，以考察更为贴近实际的制度破产边界。

表4-14　2006～2020年各级财政对职工基本养老保险的补贴总额

单位：亿元

年份	各级财政补贴总额	年份	各级财政补贴总额	年份	各级财政补贴总额
2006	971	2011	2272	2016	6511
2007	1157	2012	2648	2017	7766
2008	1437	2013	3019	2018	8391
2009	1646	2014	3548	2019	9066
2010	1954	2015	4716	2020	9796

注：2017～2020年的各级财政补贴总额为测算数据；2006年以来，各级财政补贴总额占全国财政收入的比例逐年递增，到2016年达到4.1%，随着人口老龄化进一步加剧，这个比例预计还会提高，因此，将2017～2020年的各级财政补贴总额占全国财政收入比例设定为4.5%，这是一个比较保守的估测数据，未来真实的数值可能更高；2018～2020年的全国财政收入是以近五年平均增长率进行推演测算得到的。

① 我们的测算模型是就城镇职工基本养老保险制度整体而言的，实际上需要以全国统筹为基础，党的十九大提出建立全国调剂金制度，调节基本养老保险基金省际的余缺，这一举措的效果实际上等价于全国统筹，这无疑使我们的测算模型更加贴近实际。

　　这里我们只将各级财政补贴考虑到 2020 年，即 2021 年及以后仍然将基本养老保险制度视为一个封闭系统。结合前述模型和各参数设置，我们得到表 4－15 和表 4－16 的测算结果。从表 4－15 和表 4－16 的数据中我们可以看出，在我们把 2006～2020 年各级财政补贴纳入以后，"分账管理"方式和"混账管理"方式下的城镇职工基本养老保险制度破产边界分别推延至 2033 年和 2044 年。当然，如果 2021 年及以后年份仍然继续进行财政补贴，那么制度破产边界必然会进一步推延。但是，财政补贴毕竟不能随着职工基本养老保险基金的收支缺口的逐年扩大而无止境地递增，因此探索如何通过制度改革和优化将养老金支付压力在内部进行消化才是根本出路。

表 4－15　2006～2105 年含财政补贴的统筹账户结余
（分账管理方式）（制度整体）

单位：亿元

年份	年末收支余额	年份	年末收支余额	年份	年末收支余额
2006	3669	2040	－173796	2080	－64632060
2010	3648	2045	－471628	2085	－118846882
2015	11397	2050	－1097780	2090	－216521864
2020	47088	2055	－2361582	2095	－391553003
2025	39561	2060	－4833316	2100	－703831092
2030	17639	2065	－9551491	2105	－1258964338
2033	－10588	2070	－18394275		
2035	－39576	2075	－34739394		

表 4－16　2006～2105 年含财政补贴的统筹账户结余
（混账管理方式）（制度整体）

单位：亿元

年份	年末收支余额	年份	年末收支余额	年份	年末收支余额
2006	4993	2015	33523	2025	115813
2010	11978	2020	91365	2030	140233

续表

年份	年末收支余额	年份	年末收支余额	年份	年末收支余额
2035	152900	2060	− 3682995	2090	− 218291916
2040	115803	2065	− 8017039	2095	− 400632914
2044	− 5223	2070	− 16450570	2100	− 728708329
2045	− 56160	2075	− 32476904	2105	− 1315977197
2050	− 507187	2080	− 62408833		
2055	− 1528468	2085	− 117587838		

三 延迟退休对制度破产边界和偿付能力的影响

由于城镇职工基本养老保险制度未来的改革和发展模式已在国务院颁发的多份文件中明确为"统账分离",因此我们研究延迟退休对制度破产边界和偿付能力的影响主要针对"分账管理"方式,并且仍然假定基本养老保险制度为一个封闭系统。

考虑到现行女性法定退休年龄与男性相差较大,因此,测算时,在退休年龄的延迟设计上,我们先将所有女性职工的退休年龄设定为 55 岁,所有男性职工为 60 岁,这相当于假设所有男性职工、女干部、女性灵活就业人员都严格按照现行法定退休年龄退休,仅把女工人的退休年龄延迟至与女干部对等的 55 岁;之后再统一将所有男女职工的退休年龄延迟至 60 岁、65 岁和 70 岁,其他参数保持不变①,我们重新测算城镇职工基本养老保险统筹账户历年的缴费收入、各类养老金支出总额和账户资金余额。表 4 - 17 至表 4 - 20 为每隔 5 年及标志性年份的测算结果。

---

① 在实务中,由于人口老龄化加剧,极限寿命增大,退休年龄延迟以后,个人账户设定的计发月数也必然会发生变化,为了更好地刻画单纯延迟退休的影响,我们将极限寿命和个人账户计发月数也设定为不变。

表 4 - 17　统筹账户收支及盈余（男性 60 岁、女性 55 岁退休）

单位：亿元

年份	企业缴费额	老人养老金支付额	基础养老金支付额	过渡性养老金支付额	个人账户缺口数额	年末收支余额
2005	—	—	—	—	—	4041
2006	3691	3952	151	122	0	3593
2010	5820	4178	1023	760	0	2597
2015	10283	4497	2998	1934	0	4968
2018	14468	4578	4999	2910	4	10255
2020	18167	4504	6880	3712	95	16373
2025	27352	3499	13460	5721	1240	36445
2030	41182	2041	24774	7335	4640	57030
2035	62003	963	44003	7727	11232	65422
2040	93352	366	77094	7147	22840	29782
2042	109953	220	96342	6710	29628	- 11035
2045	140550	96	134514	5785	43154	- 117869
2050	211612	15	234483	3784	78742	- 501834
2052	249244	0	292835	2978	99468	- 772180
2055	318603	0	408680	1928	140393	- 1375217
2060	479688	0	712280	756	246778	- 3216123
2065	722218	0	1241416	219	431109	- 6909891
2070	1087369	0	2163636	47	751714	- 14079949
2075	1637141	0	3770952	0	1310230	- 27679140
2080	2464876	0	6572307	0	2283570	- 53040973
2085	3711112	0	11454724	0	3979982	- 99742994
2090	5587443	0	19964178	0	6936620	- 184902064
2095	8412442	0	34795112	0	12089677	- 338989708
2100	12665755	0	60643610	0	21070824	- 616076028
2105	19069533	0	105694370	0	36723860	- 1111846935

表 4 - 18　统筹账户收支及盈余（男女统一 60 岁退休）

单位：亿元

年份	企业缴费额	老人养老金支付额	基础养老金支付额	过渡性养老金支付额	个人账户缺口数额	年末收支余额
2005	—			—		4041
2006	4008	3440	134	112	0	4470
2010	6320	3656	877	676	0	8227
2015	11165	3931	2579	1754	0	20364
2018	15710	3843	4358	2716	7	34759
2020	19727	3579	6032	3525	164	48898
2025	29700	2333	11793	5615	1772	95689
2030	44717	1135	21515	7563	5807	154157
2035	67326	392	38018	8182	13251	217608
2040	101365	114	66448	7484	26160	269223
2045	152615	14	115871	6027	48814	256594
2046	165630	0	129493	5648	55098	237622
2050	229777	0	201957	3931	88585	60560
2051	249373	0	225690	3505	99552	- 18814
2055	345952	0	351986	2004	157668	- 536485
2060	520865	0	613468	787	277014	- 1923545
2065	784214	0	1069199	228	483881	- 4868226
2070	1180710	0	1863483	49	843717	- 10795683
2075	1777675	0	3247822	0	1470588	- 22323861
2080	2676464	0	5660555	0	2563055	- 44218683
2085	4029678	0	9865652	0	4467090	- 85092685
2090	6067075	0	17194621	0	7785589	- 160417269
2095	9134575	0	29968115	0	13569327	- 297850970
2100	13752996	0	52230746	0	23649671	- 546643778
2105	20706483	0	91031780	0	41218474	- 994205061

表 4－19　统筹账户收支及盈余（男女统一 65 岁退休）

单位：亿元

年份	企业缴费额	老人养老金支付额	基础养老金支付额	过渡性养老金支付额	个人账户缺口数额	年末收支余额
2005	—	—	—	—	—	4041
2006	4618	2814	89	78	0	5817
2010	7282	2964	625	512	0	17120
2015	12865	2699	1979	1469	48	46571
2020	22730	1881	4592	3002	1376	104189
2025	34222	915	8685	4755	5109	190730
2030	51524	316	15504	6642	12137	301668
2035	77575	92	27154	8214	24339	434704
2040	116796	11	47370	8274	45782	580122
2041	126756	0	52940	8024	51737	608616
2045	175848	0	82565	6640	83520	704647
2050	264756	0	143901	4328	149858	710542
2055	398617	0	250802	2206	265462	377028
2058	509543	0	350018	1304	372218	－154664
2060	600156	0	437116	867	465663	－713749
2065	903594	0	761840	251	813080	－3236563
2070	1360449	0	1327794	54	1417616	－8550681
2075	2048290	0	2314182	0	2470859	－19192425
2080	3083901	0	4033336	0	4306404	－39816748
2085	4643115	0	7029609	0	7505534	－78889581
2090	6990664	0	12251746	0	13081225	－151696991
2095	10525129	0	21353289	0	22798971	－285680114
2100	15846611	0	37216162	0	39735808	－529869052
2105	23858625	0	64863203	0	69254636	－971529344

表 4 - 20　统筹账户收支及盈余（男女统一 70 岁退休）

单位：亿元

年份	企业缴费额	老人养老金支付额	基础养老金支付额	过渡性养老金支付额	个人账户缺口数额	年末收支余额
2005	—	—	—	—	—	4041
2006	5114	2225	77	69	0	6949
2010	8063	2035	532	455	13	24896
2015	14246	1419	1585	1237	1486	66159
2020	25169	738	3429	2366	6537	131576
2025	37895	255	6235	3650	16018	213237
2030	57054	74	10959	5179	32504	294600
2035	85900	9	19129	6839	61511	349483
2036	93226	0	21380	7149	69573	352981
2040	129331	0	33344	8059	112621	319979
2045	194721	0	58114	7310	202588	88652
2047	229349	0	72575	6340	255372	- 104231
2050	293172	0	101286	4765	360460	- 549376
2055	441399	0	176529	2428	635849	- 1963054
2060	664569	0	307669	954	1113680	- 4885367
2065	1000574	0	536229	277	1943760	- 10661198
2070	1506462	0	934581	60	3388701	- 21746567
2075	2268126	0	1628861	0	5906332	- 42595980
2080	3414885	0	2838904	0	10294012	- 81234070
2085	5141444	0	4947862	0	17941199	- 152038313
2090	7740947	0	8623516	0	31269308	- 280654999
2095	11654753	0	15029730	0	54498566	- 512667651
2100	17547372	0	26194974	0	94984312	- 928855500
2105	26419287	0	45654625	0	165545999	- 1672013405

根据表 4-17 至表 4-20 的测算结果，我们从统筹账户的收入、支出和账户余额三个方面分析退休年龄变动的影响。

首先，对于统筹账户的收入（即缴费方面），无论退休年龄多大，年缴费额都呈上升趋势。然而对于不同退休年龄，越晚退休，缴费的总额越大，缴费年限也就越长，比如，65 岁退休比 60 岁退休增加了 60~64 岁五个年龄段的缴费，70 岁退休比 65 岁退休增加了 65~69 岁五个年龄段的缴费。

其次，对于统筹账户的支出，基础养老金每年支付总额随着年份的推移呈现不断增加的趋势；"老人"养老金和过渡性养老金的每年支付总额随着年份推移都是呈先升后降的趋势，这两部分养老金支出都属于"历史债务"，随着时间的推移最终都会降为零而消失，其中"老人"养老金随着退休年龄的增大，趋零的时间也更早（60岁、65 岁和 70 岁退休时，"老人"养老金趋零的时间分别为 2046年、2041 年和 2036 年），而过渡性养老金趋零的时间与退休年龄的大小并无关系（无论多少岁退休，递减为零的时间均为 2075 年）；个人账户缺口开始数年为零，而后呈逐年上升趋势，而对于不同退休年龄来说，越晚退休者，个人账户缺口出现的时间就越早。此外，通过对数据的横向比较，我们还发现，同一年份随着退休年龄的增大，"老人"养老金、基础养老金、过渡性养老金和个人账户缺口都呈下降趋势。对于上述变化趋势，究其原因，随着年份的推移，每年符合领取"老人"养老金条件的职工不断减少，而每年领取的养老金额度却逐年提高，这是由二者综合作用所致；对于基础养老金，随着年份的推移，每年符合领取养老金条件的退休职工数量在不断上升；对于过渡性养老金，支付与视同缴费年限和每年领取过渡性养老金人数有关，前者随着职工退休年份的推移逐年下降，后者在制度实施之初随着退休人数增加而呈上升趋势，而后随着符合领取过渡性养老金人数减少而递减；对于个人账户缺口数额，在基本养老保险制度实施初期，个人账户养老金积累总额足以应付个人账户养老金支出，因此不存在账户缺口，随着年份推移、医疗水平提高、退休职工的实际寿命超过个人账户养老金设立时的预期寿命，长寿风险显现，这时，个人账户开始出现缺口，并随着长寿职工人数的逐年递增，缺口增大。

最后，对于统筹账户年末收支余额，从测算结果可以看出，同一退休年龄账户收支余额随着年份推移呈先增后减的趋势，这是前述缴费收入和统筹账户各类支出相抵及余额投资运作的结果。然而，考虑不同的法定退休年龄时我们发现，当设定男性 60 岁、女性 55 岁退休时，统筹账户将在 2042 年开始收不抵支；当退休年龄统一延迟至 60 岁时，这一时间推迟到 2051 年；当退休年龄延迟到 65 岁时，这一时间进一步推迟到 2058 年；而当退休年龄延迟到 70 岁时，我们发现统筹账户收不抵支的时间反而又提前到了 2047 年。我们进一步测算 64 岁、66 岁、67 岁、68 岁和 69 岁退休时统筹账户收不抵支的时间，发现 65 岁正好出现一个峰值。对于不同退休年龄，统筹账户收支结余的这一趋势其实也不难理解，因为随着时间的推移，个人账户缺口对统筹账户结余的影响将越来越大，另外，随着退休年龄的增加，职工缴费年限变得更长，至退休时积累的个人账户资金也更多，在个人账户养老金计发时限不变的情况下，职工每年可以领取的个人账户养老金数额开始增加，在长寿风险充分暴露的情况下，个人账户缺口出现的时间将越来越早，且缺口也会越来越大，从而"抵消"了因延迟退休所带来的养老金"多缴少领"的效应。

此外，通过与前述未延迟退休年龄的测算结果对比，我们发现这样一个现象：在当前退休年龄背景下（企事业单位男性职工实际退休年龄为 56 岁，女性职工实际退休年龄为 50 岁，灵活就业男性参保人员退休年龄为 60 岁，女性参保人员退休年龄为 55 岁）测算出来的企业职工基本养老保险制度的"破产"边界在 2008 年；而当我们将企事业单位女性职工的退休年龄延迟至 55 岁，其他人员严格按照法定退休年龄退休，则统筹账户收不抵支的时间便会推延 34 年，至 2042

年，可见目前职工基本养老保险基金的支付压力在很大程度上来源于企事业单位女性职工过低的退休年龄。城镇职工基本养老保险统筹账户"破产"边界与退休年龄的这些趋势和现象至关重要，它将为中国延迟退休年龄改革提供一条科学的路径和一个全新的方向。

　　我们将以上四组退休年龄的统筹账户偿付能力充足率曲线放在同一图形中进行比较。从图4-5中我们可以看到统筹账户的偿付能力充足率随着年份变化的趋势：四组退休年龄的偿付能力充足率曲线都呈倒U形，且退休年龄越大，偿付能力充足率的峰值越大。此外，根据四条曲线与横坐标轴的交点，我们也可以更直观地看到随着退休年龄的增加，基本养老保险制度的"破产"边界先往后推延、后又向前变化的趋势。

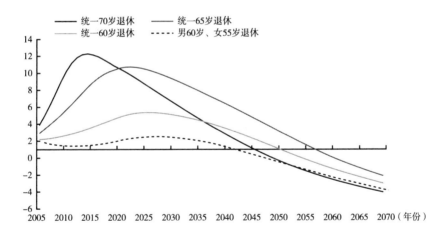

图4-5　不同退休年龄下基本养老保险统筹账户偿付能力充足率曲线

四　本章主要结论

　　本章通过将风险理论里的破产模型引入养老金精算理论中，通过构建职工基本养老保险统筹账户的盈余模型，分别测算在统账"分账管理"和"混账管理"两种账户管理方式下，中国职工基本养老保险制度的破产边界及偿付能力，并分析延迟退休的影响，得出以下结论。

首先，在完全视基本养老保险制度为一个封闭系统情况下，如果各省份都严格执行"统账分离"管理方式，那么按照当前的实际退休年龄状况（企事业单位男性职工 56 岁退休，女性职工 50 岁退休，男性灵活就业人员 60 岁退休，女性灵活就业人员 55 岁退休），中国城镇职工基本养老保险制度早在 2008 年就会因"收不抵支"而"破产"，而压垮制度的"元凶"主要是"老人"养老金的巨大支付压力①。相比，如果执行统账"混账管理"，那么在相同的制度背景和现实条件下，制度的"破产"边界将被推迟到 2040 年，制度的偿付能力峰值出现在 2025 年，而在 2033 年之前，职工基本养老保险制度的账户余额仍将保持上升趋势。由于目前多数省份实质上仍执行"混账管理"的方式，这就解释了为什么职工基本养老保险制度至今仍可维系，并且账户余额还年年递增。

其次，当我们将 2006～2020 年各年的各级财政补贴纳入模型中，重新测算职工基本养老保险制度的破产边界，我们发现"分账管理"和"混账管理"方式下的制度破产边界分别推延至 2033 年和 2044 年。

最后，在统账"分账管理"方式下，我们将男女职工的退休年龄分别设定为 60 岁和 55 岁，则基本养老保险制度的破产边界由原来的 2008 年推延至 2042 年；之后，我们将女性参保人员的退休年龄进一步延迟至 60 岁，使男女参保人员都在 60 岁退休，则制度的破产边界又推延至 2051 年；随后，我们将男女参保人员的退休年龄统一延迟至 65 岁，制度破产边界又进一步推延至 2058 年，而当我们将男女参保人员的退休年龄再进一步统一延迟至 70 岁时，发现制

---

① 我们进一步测算，如果"老人"养老金问题能够由系统外资金来解决，那么城镇职工基本养老保险制度的"破产"边界可以推延至 2038 年。

度的破产边界反而提前至 2047 年。可见，延迟退休对于缓解城镇职工基本养老保险制度的支付压力是有显著作用的，但并非一味地延迟退休年龄就可以持续增强制度的偿付能力。同时，我们也发现如果将女工人的退休年龄由原来的 50 岁延迟至 55 岁，与女干部和女性灵活就业人员相统一，则对缓解基本养老保险制度支付压力的效果是最为明显的。

综上所述，城镇职工基本养老保险制度要严格执行统账"分账管理"，在当前的退休年龄政策下，制度的可持续性是十分严峻的，可以说，如果没有各级财政补贴的支撑，制度随时都会面临"破产"的危机。因此，关于中国退休年龄制度改革，一方面要规范退休行为，杜绝不规范提前退休；另一方面延迟退休迫在眉睫、势在必行。

第五章　延迟退休对代际负担公平性的影响

一　引言

目前，中国基本养老保险制度除了空账问题、隐性债务问题、老龄化引致的基金支付压力等问题之外，代际公平也是多年来理论界和实务界始终关注的热点问题，而代际公平问题最直观的表现便是代际负担的不公平。中国城镇职工基本养老保险制度实行统账结合模式，其中统筹账户采用现收现付积累模式，个人账户采用完全基金积累模式，从本质上看，其实是一种半基金积累制，或者可以称为部分积累制。然而，由于统筹账户最终还需兜底个人账户碰到长寿风险时出现的缺口，因此从实际运作情况来看，统账结合模式仍是一种现收现付制。

所谓现收现付制是由青年代（所有在职职工）来供养老年代（退休职工），即青年代通过缴费来为老年代提供养老金，而自己未来的养老则要依靠当前的幼年代未来成为新一代劳动力时的缴费，如此代代延续。从代际转移角度来看，现收现付模式属于资源向前代转移的一种形式，而这种形式的维系则依靠基本养老保险制度的强制性。随着人口老龄化加剧，代际抚养比不断升高，养老保险基金的财务压力与日俱增，青年代的代际供养负担逐年增大，代际矛盾逐步显现并已成为基本养老保险制度持续发展的一个障碍。因此，有关代际平衡问题逐步进入学者研究的视界。

在养老保障领域，研究代际平衡最主要的方法是代际核算法，其由 A. J. Auerbach，L. J. Kotlikoff 和 J. Gokhale 于 1991 年提出，高如云（2001）对该方法的产生、内容、运用等方面进行了综述和介绍，蒋云赟、任若恩（2005）运用代际核算理论建立了中国第一套代际核算体系，并用于研究中国基本养老保险制度的代际问题，得出未来代的代际负担要显著高于现存代的代际不平衡结论。随后亦有不少学者基于代际核算理论，从不同角度研究中国养老保障制度的代际问题。

养老保险的代际平衡问题涉及代际利益转移及其体现出来的代际利益关系，其中最为直接的体现和感受便是代际负担公平性。运用代际核算法研究养老保险代际负担或代际平衡问题的基本原理是把某一年作为研究的基年，以这一年及以前出生且尚生存的人作为现存代，以后一年及以后出生的人为未来代，进而比较现存代与未来代在养老保险制度中的代际账户值，即对现存代与未来代的养老保险净缴费（每个人在剩余生命周期内向养老保险制度缴费的精算现值总和与领取养老金的精算现值总和之差）进行比较。如前所述，中国基本养老保险制度的代际问题主要体现为现存人口中青年代与老年代之间的矛盾，即在不同时期，青年代需要负担的养老成本是不同的，换言之，即不同时期青年代的代际负担存在差异，这产生了代际不平衡现象。由此可见，代际核算法并不完全符合中国基本养老保险制度代际问题的实际。基于此，我们提出了基于"代际负担率"的代际平衡性测度，以期能够更加贴近中国基本养老保险制度的实际情况。

二　模型构建

在基本养老保险制度内存在两代人：青年人和老年人。青年人通过缴费为老年人提供养老金，随着时间的推移，青年人退休后，养老金便由新加入养老保险制度的新一代青年人缴费提供，如此代代延续。因此，如果我们以某一时期（如某一年）为考察时点，假设养老保险制度为一封闭系统，不考虑财政补贴、各种转移支付等外界资金注入，则老年人的养老金全部由青年人负担。根据城镇职工基本养老保险制度模式，代际问题主要集中于统筹账户中，即统筹账户中的各项养老支出，它们最终都会成为青年人的负担。

统筹账户的养老支出包括"老人"养老金、基础养老金、过渡性养老金和个人账户养老金支付缺口。根据第四章关于这四类养老金所构建的待遇模型，四项支出用公式分别表示为：

$$R_t^{(old)} = \sum_{s=r+(t-t''+1)}^{\omega} \delta(i) \cdot W_{r-1,t-(s-r+1)} \cdot N_{s,t} \qquad (5-1)$$

$$R_t^{(base)} = \sum_{s=r}^{v} \frac{1}{2} \cdot [1+\alpha] \cdot \bar{W}_{t-(s-r+1)} \cdot (r-s_0) \times 1\% \cdot N_{s,t} \qquad (5-2)$$

$$R_t^{(transition)} = \sum_{s=r}^{v} \bar{W}_{t-(s-r+1)} \cdot \alpha \cdot (t'-t_0) \cdot \rho \cdot N_{s,t} \qquad (5-3)$$

$$U^{(2)}(t) = \begin{cases} 0, & \text{如果 } L_{s,t} \cdot (1+i)^{s-r} \geq R_{s,t}^{(person)} \cdot \ddot{s}_{\overline{s-r}|i} \\ \left[R_{s,t}^{(person)} \cdot \ddot{s}_{\overline{s-r}|i} - L_{s,t} \cdot (1+i)^{s-r}\right] \cdot N_{s,t}, & \text{如果 } L_{s,t} \cdot (1+i)^{s-r} < R_{s,t}^{(person)} \cdot \ddot{s}_{\overline{s-r}|i} \end{cases} \qquad (5-4)$$

其中：$u = \max[s_0, s-(t-t')]$；$v = \min(r+(t-t''-1), \omega)$；

$\alpha = \dfrac{1}{s'-u} \cdot \sum\limits_{k=0}^{(s'-u-1)} \dfrac{\tau \cdot W_{u,t'+|u-[s-(t-t')]|}}{\bar{W}_{u,t'+|u-[s-(t-t')]|}} \cdot \left(\dfrac{1+g_1}{1+g_2}\right)^k$；$L_{s,t} = \sum\limits_{y=u}^{s'} \theta^{(2)} \cdot$

$(\tau \cdot W_{y,t'+|y-[s-(t-t')]|}) \cdot (1+i)^{r-y}$；$R_{s,t}^{(person)} = L_{s,t} \cdot (1+j)^{s-r} \cdot \dfrac{1}{N}$。

模型中，$R_t^{(old)}$，$R_t^{(base)}$，$R_t^{(transition)}$，$U^{(2)}(t)$ 分别表示"老人"养老金、基础养老金、过渡性养老金和个人账户养老金支付缺口，公式中其他符号含义与前文所释相同。

我们将每一年统筹账户这四项支出加总后除以该年在职职工总人数（即青年人数），便可得到青年人的人均养老负担，将人均养老负担除以当年社会平均工资水平，即养老保险的代际负担率（b_t），用公式表示为：

$$b_t = \frac{\left[R_t^{(old)} + R_t^{(base)} + R_t^{(transition)} + U^{(2)}(t) \right]}{\overline{W}_t \cdot \sum_{s=s_0}^{r} N_{s,t}} \quad (5-5)$$

代际负担率体现了青年代在职职工平均每年要负担的老年代的养老费用占年收入的比重，即青年人每年要从收入中拿出多少比例支付同时代的老人养老金。我们用代际负担率来衡量基本养老保险制度的代际公平，如果随着时间的推移，不同时期青年人的代际负担率能够保持一个合理及稳定的状态，我们便可认为该制度实现了代际公平；而如果随着时间的推移，青年人的代际负担率发生波动，不同时期青年人的代际负担率不同，那么代际不公平就产生了，而且不同时期代际负担率差距越大，代际不公平的程度就越高。

三 数值模拟与分析

我们从"2005 年规则"实施的 2006 年开始进行为期 100 年的模拟，每隔 5 年测算一次青年人的代际负担额及代际负担率。根据式（5-1）至式（5-5），其他相关数据的选取及变量设定均与第四章相同，当各类职工群体均按当前实际的平均退休年龄退休时（即企事业单位男性职工 56 岁退休，女性职工 50 岁退休，男性灵活就业人员 60 岁退休，女性灵活就业人员 55 岁退休），测算结果如表5-1 所示。

表5-1 2006~2105年青年代平均养老负担额及代际负担率

年份	青年代平均代际养老负担额(元)	青年代平均代际负担率
2006	2968.25	0.1413
2010	3347.54	0.1311
2015	3858.18	0.1184
2020	4502.16	0.1083
2025	5849.60	0.1102
2030	7838.10	0.1157
2035	10894.94	0.1260
2040	15617.54	0.1416
2045	22719.84	0.1614
2050	33332.69	0.1855
2055	49129.49	0.2142
2060	72545.19	0.2478
2065	107170.63	0.2869
2070	158335.16	0.3321
2075	233927.48	0.3844
2080	345609.40	0.4450
2085	510610.62	0.5151
2090	754386.92	0.5963
2095	1114547.17	0.6903
2100	1646655.53	0.7990
2105	2432803.65	0.9250

表5-1的数据显示,青年代的平均代际养老负担随着年份的推移是逐年递增的,从具体数额上看,2006年平均每个在职职工(即青年代)需要为同时代的老年人负担2968.25元的养老成本,2050年这个数值上升到33332.69元,增长了10.2倍,年均涨幅为5.7%,100年后(2105年)这个数值上升到2432803.65元,增长了818倍,年均涨幅为6.94%。可见,随着时间的推移,青年代的养老负担不仅体现为绝对数额在递增,连养老负担的增长率也在逐

年递增。当然，这个数值并不能说明青年代实际的养老负担确实逐年递增，也不能据此就推断青年代和老年代之间存在代际不公平现象，因为随着年份推移，人们的生活质量和水平都在上升，加上通货膨胀及物价水平的影响，即便是维持基本生活所必需的养老金水平也在升高，而且在出现这一系列变化的同时，青年代的工资水平也会逐年提升。因此，更科学地考察青年代的代际负担状况，以及青年代和老年代之间的代际公平状况，我们还需要观察青年代代际负担率的历年变化情况。

从表 5－1 中的数据我们可以看到，青年代的代际负担率呈现先减后增的趋势：2006 年青年代的代际负担率为 0.1413，至 2020 年递减到 0.1083，往后开始逐年加速上升，至 2050 年达到 0.1855，2105 年达到 0.9250。青年代代际负担率的变化趋势主要取决于每个在职参保职工代际养老负担额的递增速度和在职参保职工人数的递增速度孰高孰低。如前所述，每个在职参保职工代际养老负担额随着年份的推移呈不断加速上涨的趋势，而在职参保职工人数随着基本养老保险制度覆盖面的扩大，在前期也呈现快速递增的趋势，但是随着制度逐步趋于全覆盖，代际负担在失去参保人数递增所带来的摊平效应后便呈下降趋势，尤其是制度全覆盖以后降速更快，如此一升一降便使青年代的代际负担率呈现先降后升的变化趋势，而且随着时间进一步推移，青年代的代际负担率将加速上升。

从代际负担率的具体数值来看，2006 年，青年代的代际负担率为 0.1413，表明青年代的每个在职职工需要拿出工资的 14.13% 负担同时代老年人的养老成本。一般来说，我们认为一代时间为 20 年，则我们可以理解 2025 年的青年代为 2006 年青年代的下一代，而 2045 年的青年代是 2025 年青年代的下一代，如此递推。表 5－1 中的数据显示，2025 年和 2045 年青年代的代际负担率分别为 0.1102 和 0.1614，对比一下很容易看出，2025 年青年代的代际负担率低于前一代人的代际负担率（即 2006 年的 0.1413），而其后一代人的代际负担率又有所升高，但也在可接受范围之内，然而随着时间的推移，几代后至 2105 年，青年代的代际负担率上升到 0.9250，这意味着届时每个在职职工需要拿出超过九成的工资来供养同时代的老年人，这是无法想象的结果。因此，青年代在若干年后呈现逐年递增的代际负担率表明，在基本养老保险制度的成本负担上，每一代人的负担都比前一代人更重，由此产生的代际矛盾也必将越来越多。

四 延迟退休对代际负担率的影响

我们现在考察延迟退休对青年代代际负担率的影响。模型、数据选取及变量设定与前述一致，在其他条件不变的情况下，将各类职工群体的退休年龄由当前的实际平均水平统一延迟至 60 岁、65 岁、68 岁和 70 岁，测算结果如表 5 - 2 所示。

表 5 - 2　不同退休年龄下青年代的代际负担率

年份	现行	60 岁退休	65 岁退休	68 岁退休	70 岁退休
2006	0.1413	0.1267	0.0783	0.0681	0.0601
2010	0.1311	0.1176	0.0683	0.0570	0.0488
2015	0.1184	0.1062	0.0584	0.0513	0.0521
2020	0.1083	0.0971	0.0579	0.0586	0.0674
2025	0.1102	0.0988	0.0690	0.0748	0.0895
2030	0.1157	0.1038	0.0815	0.0910	0.1108
2035	0.1260	0.1130	0.0935	0.1068	0.1321
2040	0.1416	0.1269	0.1054	0.1231	0.1545
2045	0.1614	0.1447	0.1192	0.1406	0.1785
2050	0.1855	0.1663	0.1366	0.1618	0.2064
2055	0.2142	0.1921	0.1578	0.1873	0.2394
2060	0.2478	0.2222	0.1827	0.2170	0.2776

年份	现行	60 岁退休	65 岁退休	68 岁退休	70 岁退休
2065	0.2869	0.2572	0.2115	0.2513	0.3215
2070	0.3321	0.2977	0.2448	0.2909	0.3723
2075	0.3844	0.3446	0.2834	0.3367	0.4309
2080	0.4450	0.3990	0.3281	0.3898	0.4988
2085	0.5151	0.4618	0.3798	0.4512	0.5775
2090	0.5963	0.5346	0.4396	0.5224	0.6685
2095	0.6903	0.6189	0.5089	0.6047	0.7738
2100	0.7990	0.7164	0.5891	0.7000	0.8958
2105	0.9250	0.8293	0.6819	0.8103	1.0369

根据表 5-2 的数据，我们可以看到，在其他因素不变的情况下，对于每一个退休年龄，青年代的代际负担率都是随年份推移呈现先降后升的变化趋势，这一点和前述分析是一致的，从具体数据中我们还可发现，退休年龄超过 65 岁以后，青年代的代际负担率由降转升的时间随着退休年龄的增加而更加临近，比如退休年龄为 65 岁时，青年代的代际负担率在 2020 年由降转升，而当退休年龄延迟至 68 岁和 70 岁时，这个时间分别提前到 2015 年和 2010 年。

此外，我们考察同一年度不同退休年龄下青年代的代际负担率时，也发现了与上述类似的变化趋势，即青年代的代际负担率随着退休年龄的递增也呈现先降后升的变化趋势。比如，2015 年，当退休年龄由当前实际水平上升到 60 岁、65 岁和 68 岁时，青年代的代际负担率从 0.1184 分别降至 0.1062、0.0584 和 0.0513，而当退休年龄进一步升到 70 岁时，青年代的代际负担率则反而上升到 0.0521；我们再看 2020 年，当退休年龄由当前实际水平升到 60 岁和 65 岁时，青年代的代际负担率从 0.1083 分别降至 0.0971 和 0.0579，而当退休年龄进一步升到 68 岁和 70 岁时，青年代的代际负担率则反而升到 0.0586 和 0.0674，进一步观察发现往后年份也一直保持这一趋势。可见，延迟退休虽然可以降低青年代的代际负担率，在一定程度上缓解了代际矛盾，但也存在一个最优水平，换言之，如果为了降低代际负担率而一味地延迟退休年龄，最后的结果将适得其反，这一点和第四章测算延迟退休对基本养老保险制度破产边界影响时所得出的结论是相互呼应的。

我们将不同退休年龄对应的青年代代际负担率曲线绘制到同一张图中进行比较。从图5-1中我们可以直观地看到，无论在何种水平的年龄退休，青年代的代际负担率都将随着年份推移呈先降后升的趋势，而且图5-1中各退休年龄所代表的代际负担率曲线高低交错的情况也可以直观地表明，当退休年龄延迟超过一定水平时，青年代的代际负担率反而呈现由降转升的趋势。

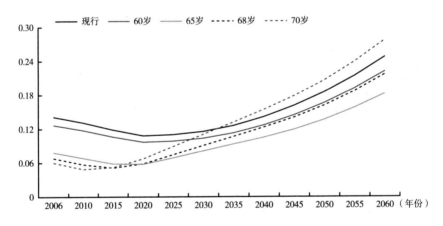

图5-1　不同退休年龄下青年代代际负担率曲线

五　本章主要结论

我们构建的代际负担率模型是基于基本养老保险制度统账结合的政策模式，通过测算，我们得出了基本养老保险制度代际负担公平性情况及延迟退休的影响，具体而言，主要有以下几个结论。

第一，从平均代际养老负担额来看，随着年份的推移，青年代的代际养老负担不仅体现为绝对数额在递增，增长率也在逐年提高；然而，从代际负担率角度看，青年代的代际负担率随着年份的推移呈现先降后升的趋势，其中代际负担率的下降主要源自基本养老保险制度覆盖面扩大时，新参保职工的加入减少了在职职工的代际负担额，但是随着人口老龄化加剧和制度全覆盖的完成，在基本养老保险制度的成本负担上，每一代人的负担都将比前一代人重，由此而产生的代际矛盾也必将越来越多。

第二，通过考察延迟退休对青年代代际负担率的影响，我们发现，无论退休年龄延迟至何水平，青年代的代际负担率都将随着年份推移呈先降后升的趋势，而且当退休年龄继续延迟超过一定水平时，青年代的代际负担率反而会由降转升。但是整体上看，只要退休年龄不超过最优水平（65 岁），延迟退休年龄就仍然不失为解决养老保障代际矛盾、促进基本养老保险制度代际公平的一条有效途径。

第六章　延迟退休对青年就业影响的实证分析

一　引言

目前，延迟退休改革虽然已经进入方案制定阶段，但是改革所面临的最大的一个政策忧虑——延迟退休是否会挤占就业，尤其是青年人就业，至今在理论界仍无统一见解。此外，根据课题组的调研，全国有67.8%的受访者认为延迟退休对就业具有较大或极大负面影响，而且无论男性或者女性，无论年龄大小、学历高低、收入水平高低，所有受访者认为延迟退休对就业有着较大或极大负面影响的比例均超过六成。可见，目前社会各界对这一问题的看法几乎呈一边倒的态势。

一项政策的推行如果没有群众基础，在实施时就必然困难重重，也容易陷入"上有政策，下有对策"的窘境。因此，对于延迟退休是否会挤占就业的问题，在延迟退休政策即将实施之际，进行深入研究得出定论，并向全社会进行宣导是十分必要的。在理论界，目前虽然不乏延迟退休与就业关系的研究，但实证定量研究相对较少，其中较具代表性的是刘妮娜、刘诚（2015）和范琦、冯经纶（2015）的研究，两者都是基于中国省际面板数据的实证研究，研究结论也都表明延迟退休对青年人就业具有显著负面影响，然而前者的研究仅仅针对某个时点，缺乏时间序列维度，而后者则未将行业变量纳入研究中，无法探究延迟退休对青年人就业影响的行业异质性。

因此，本章首先通过 2005～2014 年中国人口、就业及社会保障相关数据推断分析延迟退休是否具有就业挤出效应，进而将行业和时间作为两个维度[①]，运用面板数据模型进一步研究延迟退休对就业挤出效应的行业差异。

二　基于数据层面的推断分析

当前关于延迟退休会挤占青年人就业的研究，其实已有不少学者发现了其内在不合理之处，即现有研究大都建立在劳动力市场供需固定不变及退休者腾挪出的就业岗位和青年人的就业需求之间完全替代的假设之上（郑功成，2011；刘琛，2015）。显然，这两个假设是不合理的，在现实经济中也是不成立的，因为随着经济发展、社会变迁、人口结构变化，劳动力供给和需求无论在数量、结构方面，还是质量上都会发生变化，而且呈现一定程度的不平衡性。因此，延迟退休是否会挤占青年人就业不能一概而论。下面，我们结合近年来劳动力市场的相关数据从四个方面重新审视这一问题。

首先，从劳动力保障和就业市场整体数据来看，近十年来，每年新增离退休职工人数占新增就业人数的比例在 20% 以上，个别年份甚至超过 50%（见表 6-1），当前许多学者的研究正是基于这一点，他们认为每年新增就业人口中有 20%～50% 来自当年退休人口所腾挪出的工作岗位，进而推断出延迟退休必然会导致就业人口减少和失业人口增加。然而，如果退休人员的工作岗位和新增就业人口的就业需求不被完全替代，劳动力市场就并非完全有效，且由于退休而增加的就业岗位不能迅速、有效地由无业者进行补充，因此上述论断便值得商榷。

---

① 这里我们不考虑省际维度，原因在于我们认为在我国，如果延迟退休会对青年人就业造成影响，那么影响机制在不同省份之间应该是相同或者相似的。我们根据现有研究在实证分析时大都构建面板回归混合模型的做法也可进行推断。

表6-1 2005~2014年城镇就业与离退休人口数据

单位：万人

年份	就业总量	新增就业人数	离退休人口数	新增离退休职工数
2005	28389	1096	4368	265
2006	29630	1241	4635	267
2007	30953	1323	4954	319
2008	32103	1150	5304	350
2009	33322	1219	5807	503
2010	34687	1365	6305	498
2011	35914	1227	6826	521
2012	37102	1188	7446	620
2013	38240	1138	8041	595
2014	39310	1070	8593	552

资料来源：根据《中国人口和就业统计年鉴》和《中国劳动统计年鉴》数据整理和测算得到。

根据刘伟、蔡志洲、郭以馨（2015）对现阶段（2004~2013年）中国经济增长与就业关系的研究结论，经济增长率（GDP增长率）对整个非农产业的就业弹性为0.53%，即经济每增长一个百分点，非农产业就业总量便增加0.53个百分点。我们假定经济增长对城镇就业的弹性也是0.53%，根据城镇就业总量数据及GDP增长率数据，我们便可推算出近十年来经济增长引致的城镇就业增长量（见表6-2），结合表6-1和表6-2的数据，我们发现，由经济增长引致的城镇就业增长量均大于当年实际城镇新增就业量，这说明在现实劳动力市场中，劳动力需求并未得到全部满足。我们将由经济增长引致的城镇就业增长量扣除历年因退休而新增的就业需求，便可得到历年退休之外的原因（比如，城镇化、产业调整等）产生的就业增长量，再与城镇实际新增就业人口量进行比较，我们发现近十年中退休之外原因产生的就业增量有六年超过实际就业增量，可见，对于这六个年份，由退休之外原因所引致的就业需求增量尚未得到充分消化，而其他年份由退休之外原因所引致的就业需求增量也大多可以满足八成以上现实的求职需求。所以，我们可以认为，延迟退休并不会挤占就业空间，即便延迟退休对就业有所影响，其直接的挤出效应也非常小，并且我们也不排除延迟退休会通过推动其他经济领域或产业发展而间接促进就业。

表 6 - 2　2005～2014 年 GDP 增长引致的城镇就业增长量

单位：%，万人

年份	GDP 增长率	由 GDP 增长引致的城镇就业增量	由退休之外原因产生的就业增量	由非退休原因产生的就业增量与实际就业增量的比值
2005	11.3	1700	1435	1.31
2006	12.7	1994	1727	1.39
2007	14.2	2330	2011	1.52
2008	9.6	1663	1313	1.14
2009	9.2	1625	1122	0.92
2010	10.6	1949	1451	1.06
2011	9.5	1808	1287	1.05
2012	7.7	1514	894	0.75
2013	7.7	1561	966	0.85
2014	7.3	1521	969	0.91

资料来源：GDP 数据来源于《中国统计年鉴》，其余数据均为推算得到。

其次，从青年就业人口和离退休人口的数量关系来看，如果延迟退休会挤占青年人就业，那么离退休人员的数量和青年就业者的数量就应呈现同向变化关系，或者和青年失业人数呈反向变化关系。然而，现实并非如此，我们考察近年来青年人就业数据和离退休数据，从图 6 - 1 中我们可以非常直观地看到，2007～2014 年，中国离退休人口数量随着年份的推移逐年递增，而新增青年就业人口数虽然在部分年份上升，但总体呈现下降趋势，而且我们亦发现，新增青年就业人口数在 2007 年、2011 年、2012 年、2013 年和 2014 年均为负数，这表明在离退休人口增加的同时，青年就业人口不但没有增加，反而减少。可见，离退休职工所腾出的工作岗位并没有完全转化为青年人的就业机会，或者说并没有完全被青年人所吸收，这在一定程度上意味着延迟退休对青年人就业非但不具有挤出效应，反而可能存在促进效应。

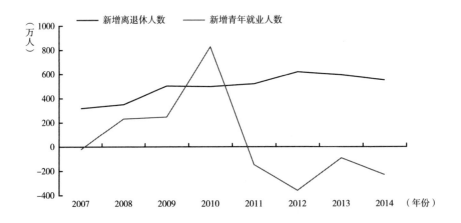

图 6 - 1　2007 ~ 2014 年新增就业人数与新增离退休人数的变化趋势

资料来源：《中国人口和就业统计年鉴》。

再次，根据第六次全国人口普查数据，在中国 16 ~ 24 岁青年人失业或未参加工作的原因中，58.7% 的青年人毕业后未参加工作，12.3% 的青年人是由于个人原因而失去工作，两部分合计超过了70%（见表 6 - 3）。我们知道，失业是指有工作需求，但又由于各种原因而不在工作岗位或找不到工作的状态。因职工退休所增加的岗位供给，对于这部分群体来说并非有效供给，这些工作岗位往往并非应届毕业生所能够胜任，因退休而腾挪出的工作岗位往往对经验、技术、职称等有着较高的要求，比如，根据中国人力资源市场信息监测中心对供求信息进行的统计分析，在每年的用人需求中，超过 50% 的工作岗位对技术等级和职称有明确的规定和要求，部分

时期甚至超过 60%①。由此可见，劳动力市场供需问题已不仅仅是
供给和需求数量上的失衡，而存在更深层次的结构性失衡：一方面
许多失业人员找不到工作，尤其是应届毕业生就业一年比一年困难；
另一方面许多用人单位招不到合适的人员，即失业与职缺并存。由
此可见，青年人就业难并非岗位或职缺不够，延迟退休所导致的就
业岗位减少并不会引致青年人失业增加。

表 6 - 3　16 ~ 24 岁青年人未参加工作的原因

单位：%

	毕业后未工作	因单位原因失去工作	因本人原因失去工作	承包土地被征用	料理家务	其他
占比	58.7	3.2	12.3	1.1	6.3	18.4

资料来源：第六次全国人口普查数据。

　　另外，对于因退休而新创造的就业机会，青年人也不一定有足
够的意愿和动力进行选择。针对这一点，我们进一步比较青年人失
业前的职业分布和老年人退休前的职业分布便可得到印证。如表
6 - 4所示，青年男性失业前所从事的工作居第一位的是"商业及服
务业人员"，占比为 45.2%，接着为"设备操作人员及有关人员"，
占比也达到 31.5%，排在第三位的是"办事人员及有关人员"，占
比为 9.6%；对于男性退休者，退休前属于"设备操作人员及有关
人员"的比例最高，达到 30%，接着依次为"办事人员及有关人
员"、"专业技术人员"和"商业及服务业人员"。对于女性，青年
人失业前从事"商业及服务业工作"的比例也是最高的，达到
56.3%，接着依次是"设备操作人员及有关人员""专业技术人
员"；女性退休者退休前从事"商业及服务业工作"的比例也是最
高的，接着依次是"农林牧副渔业生产人员"、"设备操作人员及有

---

① 中华人民共和国人力资源和社会保障部网站，http://www.mohrss.gov.cn。

关人员"和"专业技术人员"。从中我们可以发现这样的现象,无论男性,还是女性,在退休者较多的职业中,青年人失业率均较高,二者几乎呈同向变化,这说明绝大部分由退休所新创造的工作岗位并未流向青年人,或许我们可以这么理解,延迟退休虽然会占据部分本应腾挪出的工作岗位,但这种影响是不明显的,或者是无足轻重的,因为从企业用人需求角度来看,青年就业者和退休者并不具有完全的替代性。

表6-4 青年人失业前和退休者退休前的职业分布

单位:%

失业或退休前的工作岗位		单位负责人	专业技术人员	办事人员及有关人员	商业及服务业人员	农林牧副渔业生产人员	设备操作人员及有关人员	其他
男性	青年人	1.3	6.2	9.6	45.2	5.6	31.5	0.6
	退休者	1.2	19.8	20.2	19.6	9.2	30.0	0
女性	青年人	0.2	13.9	6.6	56.3	5.4	17.7	0
	退休者	2.5	17.6	8.1	30.1	23.5	17.8	0.5

资料来源:第六次全国人口普查数据。

最后,我们来考察不同性别、不同行业职工的年龄分布。表6-5显示了青年职工和临近退休职工(10年内将退休的职工)在每个行业中的占比,从中我们发现,对于男性职工,青年人就业主要集中在"制造业""住宿和餐饮业""居民服务和其他服务业"等,而临近退休职工就业主要集中在"农林牧副渔业""房地产业""水利、环境和公共设施管理业""公共管理和社会组织"等行业;对于女性职工,青年人就业主要集中在"制造业""信息传输、计算机服务和软件业""住宿和餐饮业""文化体育和娱乐业"等,而临近退休职工就业主要集中在"农林牧副渔业""采矿业""电力、燃气及水的生产和供应业""水利、环境和公共设施管理业""居民服务和其他服务业""公共管理和社会组织"等行业。从中我们发现，无论是男性职工，还是女性职工，青年人较为集中的就业行业与临近退休职工较为集中的行业并不重叠，即在青年人较为集中的行业，临近退休职工占比相对较低，而在临近退休职工较多的行业，青年人的占比也相对较低，这也就意味着青年职工和临近退休职工在就业上不会相互挤占，或者说，挤占的程度相对较低，换言之，临近退休职工即便未来退休后继续留岗工作，对青年人就业也不会产生较大的负面影响。

表6-5 不同性别、不同行业职工年龄分布

单位：%

行业	男性		女性	
	16~24 岁	50~59 岁	16~24 岁	45~54 岁
一、农林牧副渔业	8.4	24.2	8.2	26.6
二、采矿业	6.4	14.8	6.0	20.2
三、制造业	20.7	10.3	24.4	12.4
四、电力、燃气及水的生产和供应业	6.0	17.2	6.3	20.1
五、建筑业	10.2	13.7	10.6	18.5
六、交通运输、仓储和邮政业	7.3	14.2	10.8	19.4
七、信息传输、计算机服务和软件业	17.9	5.1	24.3	6.7
八、批发和零售业	13.4	10.9	17.3	13.4
九、住宿和餐饮业	24.9	9.2	23.4	15.8
十、金融业	9.6	10.3	12.3	14.5
十一、房地产业	11.0	20.1	13.1	18.9
十二、租赁和商务服务业	12.7	13.2	18.3	11.8
十三、科学研究、技术服务和地质勘查业	8.1	15.3	10.9	19.9
十四、水利、环境和公共设施管理业	5.2	25.9	4.7	30.6
十五、居民服务和其他服务业	20.3	12.5	16.1	20.3
十六、教育业	4.3	18.8	9.1	17.5
十七、卫生、社会保障和社会福利业	5.6	19.3	14.4	18.7
十八、文化体育和娱乐业	17.1	14.1	22.7	14.8
十九、公共管理和社会组织	4.5	21.5	6.2	25.1
二十、国际组织	4.1	16.0	9.5	10.4

资料来源：第六次全国人口普查数据。

三　基于行业面板数据的实证分析①

基于我们在前面数据层面对延迟退休与青年人就业的关系进行推断性分析，结论表明延迟退休对青年人就业的挤出效应并不明显，我们进一步通过构建实证模型对这一结论进行验证。

（一）变量设置与数据选择

为了研究延迟退休对青年人就业的影响在不同行业中的差异，在这里，我们采用有别于现有研究采用省际面板的做法，选择不同行业的不同个体进行研究。

1. 被解释变量的选择

根据研究的目标，我们选择青年人就业率作为被解释变量。从就业角度来看，需要就业的青年人主要是青年应届毕业生，因此我们选取年龄为 20~24 岁青年人的就业率作为被解释变量。

2. 解释变量的选择

对于解释变量，我们的核心指标是延迟退休变量，即能够刻画延迟退休前后或不同退休年龄对青年人就业的不同影响的变量或指标。然而，由于中国并未有延迟退休的先例，我们难以直接对延迟退休变量进行设定，因此我们转而选择退休者的在职率作为延迟退休变量②。选择这一指标的原因是如果退休者的在职率升高，则说明

---

① 本节的部分内容及基本观点来自王竹、陈鹏军《延迟退休会挤占青年人就业吗？——基于 19 个行业的面板数据分析》，《经济体制改革》2019 年第 2 期。

② 虽然我们亦可以直接将退休年龄设置为一个变量，然而根据不同的退休年龄取值来刻画延迟退休的影响，这样的变量设置不免过于粗略，另外由于我国目前尚未实施延迟退休政策，因此对于不同退休年龄下相关就业指标数据，我们也无法获得。

在现有工作岗位中存在更多本该退休离开工作岗位而继续工作的职工，即退而不休现象，这一现象所带来的社会经济影响其实与延迟退休并无二致。在具体指标选择上，由于男性职工和女性职工退休年龄的规定并不一致，为了同时刻画性别的差异，我们需要对不同性别分别研究，并选择 60 岁以上男性退休者的在职率指标和 55 岁以上女性退休者的在职率指标。此外，除了退休者在职率这一核心解释变量外，我们亦将行业的周平均工作时间、平均工资水平和平均受教育水平三个指标作为控制变量引入，其中周平均工作时间主要用来刻画不同行业工作强度的差异，平均工资水平用来刻画不同行业待遇的差异，而行业平均受教育水平则用来反映不同行业职工素质的差别。

3. 数据选取

根据国家统计局对国民经济的行业划分，共有 20 个行业大类，分别为：农林牧副渔业，采矿业，制造业，电力、热力、燃气及水生产和供应业，建筑业，批发和零售业，交通运输、仓储和邮政业，住宿和餐饮业，信息传输、软件和信息技术服务业，金融业，房地产业，租赁和商务服务业，科学研究和技术服务业，水利、环境和公共设施管理业，居民服务、修理和其他服务业，教育业，卫生和社会工作，文化、体育和娱乐业，公共管理、社会保障和社会组织，国际组织。我们将"国际组织"这一行业数据并入"公共管理、社会保障和社会组织"中，选取剩余的 19 个行业大类的分年龄就业数据和退休数据。所有数据均来自《中国人口和就业统计年鉴》（2006～2014 年）、《中国劳动统计年鉴》（2006～2014 年）、《中国2010 年人口普查资料》和《中国统计年鉴》（2006～2014 年）。

（二）模型的设定

我们采用以行业为个体的面板数据回归模型，至于应该选择固定效应模型，还是随机效应模型，我们通过 Hausman 检验来解决。

如表 6 - 6 的 Hausman 检验结果，对于男性职工，Hausman 统计值为13. 566167，自由度为 4，对应的 P 值为 0. 0088，小于 0. 05，拒绝了随机效应模型的原假设，所以应该选择固定效应模型；对于女性职工，Hausman 统计值为 31. 092231，自由度为 4，对应的 P 值为0. 0000，小于 0. 05，同样拒绝了随机效应模型的原假设，所以女性职工也应该选择固定效应模型。

表 6 - 6　Hausman 检验结果

	男性	女性
统计值	13. 566167	31. 092231
自由度	4	4
P	0. 0088	0. 0000

模型类型确定后，对固定效应模型的形式还得进行选择，根据截距和系数是否可变，固定效应模型可以分为截距和系数都不变的混合模型、系数不变截距可变的变截距模型，以及截距和系数均可变的变系数模型。为了确定模型属于何种形式，我们构建两个假设。

H1：模型的系数都相等。

H2：模型的截距都相等，且系数也都相等。

下面我们构建两个 F 统计量，对上述两个假设进行检验：

$$F_1 = \frac{(SSE_2 - SSE_1)/[(N-1)K]}{SSE_1[NT - N(K+1)]}，在 H1 假设下，$$
$$F_1 - F[(N-1)K, N(T-K-1)]$$
$$F_2 = \frac{(SSE_3 - SSE_1)/[(N-1)(K+1)]}{SSE_1/[NT - N(K+1)]}，在 H2 假设下，$$
$$F_2 - F[(N-1)(K-1), N(T-K-1)]$$

以上两个 F 统计量表达式中，SSE_1、SSE_2 和 SSE_3 分别表示变系数模型、变截距模型及混合模型的残差平方和，N 为截面个体数量，K 为解释变量的个数，T 为时间跨度。

通过对男性职工数据分别进行混合模型、变截距模型和变系数模型三次回归，我们便可得到三个残差平方和，进而计算两个 F 统计量，即：

$$F_1 = 7.4660, F_2 = 149.0605$$

先检验 H2，通过查询 F 分布临界值可得 $F_{0.05}(90,76) = 1.4445 < F_2$，所以拒绝 H2 假设，继续检验 H1 假设，由于 $F_{0.05}(72,76) = 1.4680 < F_1$，同样也拒绝 H1 假设。因此，对于男性职工数据应建立固定效应的变系数模型，即：

$$e_{it}^{young-m} = \alpha_i + \beta_{1i} \cdot e_{it}^{old-m} + \beta_{2i} \cdot AE_{it}^m + \beta_{3i} \cdot AT_{it}^m + \beta_{4i} \cdot AW_{it}^m + u_{it}$$

$$(6-1)$$

同理，我们也得出对于女性职工数据同样应建立固定效应变系数模型，即：

$$e_{it}^{young-f} = \alpha_i + \beta_{1i} \cdot e_{it}^{old-f} + \beta_{2i} \cdot AE_{it}^f + \beta_{3i} \cdot AT_{it}^f + \beta_{4i} \cdot AW_{it}^f + u_{it}$$

$$(6-2)$$

式（6-1）和式（6-2）中，$e_{i,t}^{young-m}$ 表示 t 年 i 行业青年人男性的就业率，$e_{i,t}^{young-f}$ 表示 t 年 i 行业青年人女性的就业率，$e_{i,t}^{old-m}$ 表示 t 年 i 行业男性退休者的在职率，$e_{i,t}^{old-f}$ 表示 t 年 i 行业女性退休者的在职率；$AE_{i,t}^m$ 表示 t 年 i 行业男性职工平均受教育程度，$AE_{i,t}^f$ 表示 t 年 i 行业女性职工平均受教育程度；$AT_{i,t}^m$ 表示 t 年 i 行业男性职工平均周工作时间，$AT_{i,t}^f$ 表示 t 年 i 行业女性职工平均周工作时间；$AW_{i,t}^m$ 表示 t 年 i 行业男性职工平均工资水平，$AW_{i,t}^f$ 表示 t 年 i 行业女性职工平均工资水平。

（三）估计方法的选择及实证结果

由于不同行业青年人的就业率和退休者的在职率在一定程度上是存在差异的，因此我们在估计时选择广义最小二乘法（GLS）。表

6-7 显示的是对男性职工数据建立固定效应变系数模型的回归结果，从中我们可以看出，退休者在职率对青年人就业具有显著影响的行业包括"农林牧副渔业""制造业""电力、热力、燃气及水生产和供应业""批发和零售业""交通运输、仓储和邮政业""住宿和餐饮业""信息传输、软件和信息技术服务业""房地产业""公共管理、社会保障和社会组织"。其中，"农林牧副渔业""批发和零售业""交通运输、仓储和邮政业""住宿和餐饮业""信息传输、软件和信息技术服务业""公共管理、社会保障和社会组织"六个行业退休者在职率的显著性水平为1%，表明这六个行业退休者在职率对青年人就业率的影响极为显著，在其余行业中，"房地产业"退休者在职率对青年人就业的影响在5%显著性水平下是显著的，而"制造业""电力、热力、燃气及水生产和供应业"两个行业是在10%显著性水平下显著。

从各行业系数的具体估计值来看，"信息传输、软件和信息技术服务业"中退休者的在职率对青年人就业的正面影响最大，退休者的在职率上升1个百分点，可带动青年人就业率上升6.72个百分点，接着为"交通运输、仓储和邮政业"，提高1个百分点的退休者在职率可以提升4.72%青年人的就业，然后为"住宿和餐饮业"，提升1个百分点的退休者在职率亦可带动4.34%青年人就业，其余的几个行业（包括"农林牧副渔业""制造业""批发和零售业""房地产业"）的退休者在职率对青年人就业的影响也都是正向的，即这几个行业退休者在职率越高，同样非但不会挤占青年人就业，反而会促进青年人就业率的提升；与这七个行业不同，"电力、热力、燃气及水生产和供应业"和"公共管理、社会保障和社会组织"这两个行业的退休者在职率对青年人就业率的影响就呈现负面效应，其中，在"电力、热力、燃气及水生产和供应业"中，退休者在职率每上升1个百分点，青年人的就业率就下降2.84个百分点，"公共管理、社会保障和社会组织"行业中的退休者在职率每上升 1 个百分点，青年人的就业率就随之下降 1.57 个百分点，可见这两个行业的退休者在职率越高，挤占青年人就业的程度就越大，但是和其余七个行业相比，其效应要弱许多。

除了上述九个行业外，其他十个行业的截面系数估计值都没有通过显著性检验，表明这十个行业退休者的在职率对青年人的就业并没有显著影响，换言之，在这十个行业中，青年人就业率和退休者在职率并不存在显著关系，影响青年人就业的因素主要来自其他方面。比如，对于"科学研究和技术服务业"，从个体模型中我们可以看到，青年人的就业率受到行业平均教育水平、平均周工作时间和平均工资水平的影响均较为显著，其中，行业平均周工作时间对青年人就业率的影响在 5% 显著性水平下是显著的，而行业平均教育水平、行业平均工资水平两个因素都是在 1% 显著性水平下显著的。

表 6 - 7　男性职工的行业面板数据回归结果

行业	退休者在职率	行业平均教育水平	行业平均周工作时间	行业平均工资水平
农林牧副渔业	1.1562 *** (6.1504)	0.1367 (1.0389)	0.0054 (1.1745)	-0.5877 ** (-2.9672)
采矿业	-0.8972 (-0.1656)	0.0015 (0.1798)	0.1798 (0.1339)	0.0309 (1.1109)
制造业	2.8305 * (1.7964)	-0.0920 (-0.6591)	-0.0008 (-0.0208)	-0.1561 (-0.2758)
电力、热力、燃气及水生产和供应业	-2.8386 * (-1.8710)	-0.0011 (-0.1531)	0.0052 (1.3627)	0.0133 (0.8823)
建筑业	0.4449 (1.0668)	0.0609 * (1.7830)	0.0017 (0.4285)	-0.0210 (-0.1899)
批发和零售业	2.3348 *** (12.9835)	0.0889 ** (2.0998)	-0.0022 (-0.6503)	-0.0711 (-0.9160)
交通运输、仓储和邮政业	4.7191 *** (2.6936)	-0.0313 (-0.6813)	0.0080 (1.4597)	-0.0802 (-0.8035)

续表

行业	退休者在职率	行业平均教育水平	行业平均周工作时间	行业平均工资水平
住宿和餐饮业	4.3396*** (17.179)	−0.0193 (−1.2709)	−0.0057 (−0.6430)	−0.0202 (−0.1955)
信息传输、软件和信息技术服务业	6.7172*** (4.7410)	0.0042 (0.5562)	−0.0018 (−1.2860)	−0.0044 (−0.4197)
金融业	−7.8844 (−1.4246)	0.0319* (1.8709)	0.0086** (2.8004)	0.0276** (2.5395)
房地产业	1.5520** (3.2802)	0.0019 (0.3030)	−0.0027 (−1.2887)	0.0181 (0.6426)
租赁和商务服务业	0.5892 (0.4466)	0.0051 (0.3559)	0.0022 (0.9585)	0.0108 (0.6256)
科学研究和技术服务业	−0.1303 (−0.3908)	0.0063*** (5.2829)	−0.0010** (−3.2786)	−0.0154*** (−3.8590)
水利、环境和公共设施管理业	−0.3257 (−0.3018)	0.0036 (0.5601)	0.0007 (0.4021)	0.0118 (0.2950)
居民服务、修理和其他服务业	2.2917 (0.7547)	−0.0164 (−0.7459)	−0.0049 (−0.8978)	0.0798 (0.6727)
教育业	0.2673 (0.3329)	−0.0093 (−0.7147)	−0.0039 (−1.2909)	−0.0505 (−1.3984)
卫生和社会工作	0.7701 (0.6154)	0.0076 (1.3097)	−0.0012 (−0.5501)	0.0422 (0.6989)
文化、体育和娱乐业	0.5665 (0.7432)	0.0078** (2.0425)	−0.0013 (−1.0134)	0.0085 (0.7463)
公共管理、社会保障和社会组织	−1.5662*** (−3.7647)	0.0456 (1.1506)	0.0100* (1.6743)	0.0095 (0.1686)
常数项	−0.0355 (−0.3443)			

$\bar{R}^2 = 0.9925, F = 238.82, \mathrm{Prob}(F-statistic) = 0.0000, DW = 2.4528$

注：*、**、***分别表示在显著性水平10%、5%和1%下是显著的；括号内的数字为系数估计的 t 值。

对于女性职工，表 6-8 给出了回归结果，从中我们可以看到，"农林牧副渔业""批发和零售业""交通运输、仓储和邮政业""住宿和餐饮业""信息传输、软件和信息技术服务业""房地产业""水利、环境和公共设施管理业""居民服务、修理和其他服务业""公共管理、社会保障和社会组织"九个行业的退休者在职率对青年人的就业率具有显著影响。其中，"农林牧副渔业""批发和零售业""住宿和餐饮业""信息传输、软件和信息技术服务业""房地产业""居民服务、修理和其他服务业"六个行业退休者在职率对青年人就业率影响极为显著（显著性水平为 1%）。在其余行业中，"交通运输、仓储和邮政业"与"水利、环境和公共设施管理业"的退休者在职率对青年人就业的影响在 5% 显著性水平下是显著的，而"公共管理、社会保障和社会组织"行业是在 10% 显著性水平下显著。

从各行业系数估计值来看，"农林牧副渔业""批发和零售业""住宿和餐饮业""信息传输、软件和信息技术服务业""房地产业""交通运输、仓储和邮政业""水利、环境和公共设施管理业"七个行业的退休者在职率对青年人就业率具有正向影响。其中，"住宿和餐饮业"退休者在职率对青年人就业率的正向影响最大，具体而言，该行业退休者在职率每升高 1 个百分点，则青年人就业率就会提升 14.72 个百分点；接着为"信息传输、软件和信息技术服务业"，1 个百分点的退休者在职率可以带动 8.68 个百分点的青年人就业率；然后是"批发和零售业"，退休者在职率升高 1 个百分点，青年人就业率就会上升 5.81 个百分点。除了上述七个行业外，"居民服务、修理和其他服务业"与"公共管理、社会保障和社会组织"两个行业的退休者在职率对青年人就业率的影响就呈负面的，其中"居民服务、修理和其他服务业"退休者在职率每上升 1 个百分点，青年人就业率便会下降 2.16 个百分点，而 1% 的"公共管理、社会保障和社会组织"行业退休者在职率也会挤占 1.22% 的行业内青年人就业率，然而和其余七个行业相比，其效应同样要弱许多。

除了上述回归结果为显著的九个行业外，余下的"采矿业""制造业""电力、热力、燃气及水生产和供应业""建筑业""金融业""租赁和商务服务业""科学研究和技术服务业""教育业""卫生和社会工作""文化、体育和娱乐业"十个行业的实证结果都是不显著的，表明这十个行业的退休者在职率与青年人就业率不存在显著性关系，换言之，这十个行业的退休者在职率高低不会对青年人就业率产生影响。

表 6-8 女性职工的行业面板数据回归结果

行业	退休者在职率	行业平均教育水平	行业平均周工作时间	行业平均工资水平
农林牧副渔业	1.2633 *** (3.3085)	-0.0004 (-0.0043)	0.0043 (0.9085)	-0.2808 (-1.0866)
采矿业	-0.2303 (-0.0644)	-0.0018 (-0.8454)	0.0005 (0.3896)	-0.0031 (-0.2405)
制造业	0.1999 (0.0671)	-0.0177 (-0.1297)	0.03639 (1.2587)	-0.7949 (-1.0951)
电力、热力、燃气及水生产和供应业	-2.4573 (-0.7286)	0.0015 (0.4227)	-0.0004 (-0.303)	0.0035 (0.2119)
建筑业	1.2934 (1.6163)	0.0047 (1.0096)	0.0003 (0.3299)	0.0059 (0.1601)
批发和零售业	5.8094 *** (8.7487)	-0.1116 *** (-2.7372)	0.0046 (1.4759)	0.3722 *** (3.4098)
交通运输、仓储和邮政业	0.8823 ** (2.0048)	-0.0060 *** (-3.7106)	0.0001 (1.1992)	0.0615 ** (2.3465)
住宿和餐饮业	14.720 *** (6.9838)	0.0350 (1.2965)	0.0103 (1.0122)	0.0384 (0.1693)
信息传输、软件和信息技术服务业	8.6828 *** (13.9404)	-0.0006 (-0.2123)	-0.0006 (-1.0711)	0.0002 (0.0217)
金融业	0.4742 (0.1285)	-0.0005 (-0.0527)	0.0063 *** (3.6932)	0.0319 *** (3.0152)

续表

行业	退休者在职率	行业平均教育水平	行业平均周工作时间	行业平均工资水平
房地产业	2.4743 *** (3.4158)	0.0084 ** (2.2664)	0.0001 (0.0725)	0.0133 (0.5300)
租赁和商务服务业	1.2532 (0.4925)	0.0106 (1.3752)	0.0019 ** (1.9572)	0.0118 (1.0451)
科学研究和技术服务业	-0.9943 (-0.5775)	0.0051 ** (2.6012)	0.0010 (1.1050)	-0.0024 (-0.1521)
水利、环境和公共设施管理业	0.3112 ** (2.6124)	0.0015 *** (3.2707)	-0.0011 *** (-4.8276)	0.0066 (1.4710)
居民服务、修理和其他服务业	-2.1614 *** (-2.8924)	-0.0387 *** (-3.7220)	0.0017 (1.1569)	-0.1100 *** (-2.2863)
教育业	0.0792 (0.0606)	-0.0001 (-0.0102)	-0.0003 (-0.0433)	-0.0636 (-0.918)
卫生和社会工作	0.9706 (1.3172)	0.0226 *** (3.3274)	-0.0005 (-0.104)	0.1507 (1.5519)
文化、体育和娱乐业	15.104 (0.8455)	-0.0014 (-0.3152)	0.0016 (0.3890)	0.0657 (0.5067)
公共管理、社会保障和社会组织	-1.2180 * (-1.8978)	0.0271 (1.5496)	0.0064 (1.5966)	0.0176 (0.4217)
常数项	-0.142502 * (-1.805471)			

$$\bar{R}^2 = 0.9848, F = 118.11, \text{Prob}(F-statistic) = 0.0000, DW = 2.7993$$

注：*、**、*** 分别表示在显著性水平10%、5%和1%下是显著的；括号内的数字为系数估计的 t 值。

四　本章主要结论

本书利用2006～2014年中国劳动力市场相关数据，运用推断分析和面板数据实证两个方法对延迟退休是否会挤占青年人就业的问题进行研究。

推断性分析结论表明，延迟退休对就业的挤出效应是不明显的，即便存在，其程度也很小，而且延迟退休也可能通过推动其他产业发展（比如银色产业）而间接促进就业，尤其对于青年人就业，因离退休而新增加的就业机会受青年人经验、能力、意愿等因素所限而并不能完全为青年人所消化。

实证分析结论表明，19 个行业中，无论男性，还是女性，均有十个行业的退休者在职率与青年人就业率不存在显著性关系，说明在大部分行业中，延迟退休并不会对青年人就业产生影响，而且在其余九个具有显著关系的行业中，大部分行业（7 个）退休者在职率非但不会挤占青年人就业，反而会促进青年人就业，换言之，延迟退休在这些行业中会促进青年人就业率提升。

基于上述结论分析，笔者认为，对于延迟退休会挤占就业，尤其是青年人就业的担忧大可不必，这一研究结论为中国延迟退休年龄改革，排除了最大的一个政策障碍或政策忧虑。

下篇　路径设计

路径设计的任务是回答怎么延迟退休年龄，这也是本书研究最重要的部分。本篇的研究内容也分为三章。

第七章：退休年龄改革的国际现状与经验。这一章主要以OECD成员为例，对比分析各个国家当前的退休年龄设置及未来的退休年龄规划，从中总结、归纳、提炼出可供借鉴的成功经验。

第八章：职工延迟退休决策的影响因素分析。这一章的研究内容包括三个部分，首先研究现行基本养老保险制度对职工退休决策的影响，这是一个外部因素；其次综合运用统计学的各种相关性分析工具研究职工个体特质因素、工作特质因素与延迟退休态度之间的相关性；最后通过构建二分Logistic回归模型分析并挖掘影响职工退休决策态度的主要因素。

第九章：中国延迟退休改革的路径设计。这一章体现了研究意义与目标，也是对前述全部研究结论的一个综合应用。内容分为三个部分。首先探讨延迟退休过程中一个无法回避的问题：男女"同龄"或"差龄"退休。其次基于职工个人角度，测算个人主观最优法定退休年龄，我们将其视为职工所能够接受的最高退休年龄，为延迟退休改革的目标退休年龄设置提供依据。最后，也是研究的最终目标：设计一个符合中国基本国情的渐进式延迟退休方案。

第七章 退休年龄改革的国际现状与经验

一 退休年龄改革的国际现状

随着人口老龄化加剧，世界各个国家和地区公共养老金系统的财务压力不断上升，财政赤字严重，对现行退休制度进行改革已成为各个国家和地区应对人口老龄化的重要手段，尤其是 2008 年国际金融危机、美债危机、欧债危机以后，欧美各主要经济体为应对危机所产生的冲击，纷纷削减财政支出，制定更为严格的公共养老金政策。在这一背景下，新的一轮延迟退休浪潮便于 2010 年以后在欧美各国拉开了序幕，并迅速扩散至全世界。

以 OECD 成员为例，表 7 - 1 显示的是 2002～2050 年 OECD 成员退休年龄的设置和未来规划，表中数据的来源时间为 2011 年，其中 2002 年和 2010 年退休年龄来自历史资料，2010 年以后的退休年龄数据为当时（2011 年）各个国家对退休年龄的长期规划。另外，2010 年以后共有 17 个 OECD 成员制订了延迟退休计划，分别为：澳大利亚、奥地利、捷克、丹麦、法国、德国、希腊、匈牙利、意大利、日本、韩国、新西兰、斯洛伐克、瑞士、土耳其、英国和美国。其中，奥地利和瑞士保持男性退休年龄不变，单纯提高女性退休年龄，其余国家为男性和女性退休年龄都是提高，只是男女提升的步调并不全然一致。在延迟退休的目标年龄方面，截至 2050 年，多数国家的规划退休年龄为 65 岁，其中，男性目标退休年龄为 65 岁的国家有 18 个，女性目标退休年龄为 65 岁的国家有 16 个，目标退休年龄最高的国家为英国，男女均为 68 岁，最低的国家为比利时、卢森堡和希腊，男女均为 60 岁。

此外，2010～2050 年，男性和女性退休年龄都保持不变的有 13 个国家，分别是比利时、加拿大、芬兰、冰岛、爱尔兰、卢森堡、墨西哥、荷兰、挪威、波兰、葡萄牙、西班牙和瑞典（见表 7 - 1）。在这些国家中，有多个国家的退休年龄政策自 20 世纪 50 年代起一直保持不变，其中，比利时男女退休年龄始终维持 60 岁，芬兰、墨西哥、荷兰、西班牙男女均保持 65 岁，冰岛男女均为 67 岁；加拿大男女退休年龄均从 1949 年的 70 岁降到 1993 年的 65 岁，爱尔兰男女退休年龄亦从 1949 年的 70 岁降到 1989 年的 65 岁，卢森堡男女退休年龄从 1949 年的 65 岁降到 1989 年的 60 岁，挪威男女退休年龄从 1949 年的 70 岁降到 1983 年的 67 岁，瑞典男女退休年龄从 1949 年的 67 岁降到 1989 年的 65 岁，这些国家的退休年龄调整至 20 世纪 80 年代和 90 年代水平后便都维持不变，2011 年也未计划改变；波兰男性退休年龄从 1949 年的 60 岁上升到 1989 年的 65 岁，此后维持不变，而女性退休年龄一直维持 1949 年的 60 岁；葡萄牙男性退休年龄自 1949 年起一直维持在 65 岁，女性退休年龄从 1949 年的 65 岁降到 1989 年的 62 岁，后又升至 2002 年的 65 岁，此后一直保持不变，至 2011 年也未有进一步的调整规划。[①]

表 7 - 1 2002～2050 年 OECD 成员法定退休年龄设置与规划

单位：岁

	2002 年	2010 年	2020 年	2030 年	2040 年	2050 年
澳大利亚	65（61）	65（62）	65（64）	66（66）	67（67）	67（67）
奥地利	65（60）	65（60）	65（60）	65（63）	65（65）	65（65）

---

① OECD, *Pensions at a Glance 2011* (OECD Publishing).

续表

	2002 年	2010 年	2020 年	2030 年	2040 年	2050 年
比利时	60(60)	60(60)	60(60)	60(60)	60(60)	60(60)
加拿大	65(65)	65(65)	65(65)	65(65)	65(65)	65(65)
捷克	60.5(58)	61(58.7)	62.2(60.7)	63.5(63.3)	65(65)	65(65)
丹麦	67(67)	65(65)	65(65)	67(67)	67(67)	67(67)
芬兰	65(65)	65(65)	65(65)	65(65)	65(65)	65(65)
法国	60(60)	60.5(60.5)	61(61)	61(61)	61(61)	61(61)
德国	63.5(60.5)	65(65)	65(65)	65(65)	65(65)	65(65)
希腊	57(57)	57(57)	60(60)	60(60)	60(60)	60(60)
匈牙利	60(55)	60(59)	64.5(64.5)	65(65)	65(65)	65(65)
冰岛	67(67)	67(67)	67(67)	67(67)	67(67)	67(67)
爱尔兰	65(65)	65(65)	65(65)	65(65)	65(65)	65(65)
意大利	57(57)	59(59)	61(61)	65(65)	65(65)	65(65)
日本	61(60)	64(62)	65(65)	65(65)	65(65)	65(65)
韩国	60(60)	60(60)	60(60)	62(62)	64(64)	65(65)
卢森堡	60(60)	60(60)	60(60)	60(60)	60(60)	60(60)
墨西哥	65(65)	65(65)	65(65)	65(65)	65(65)	65(65)
荷兰	65(65)	65(65)	65(65)	65(65)	65(65)	65(65)
新西兰	64.1(64.1)	65(65)	65(65)	65(65)	65(65)	65(65)
挪威	67(67)	67(67)	67(67)	67(67)	67(67)	67(67)
波兰	65(60)	65(60)	65(60)	65(60)	65(60)	65(60)
葡萄牙	65(65)	65(65)	65(65)	65(65)	65(65)	65(65)
斯洛伐克	60(57)	62(57)	62(62)	62(62)	62(62)	62(62)
西班牙	65(65)	65(65)	65(65)	65(65)	65(65)	65(65)
瑞典	65(65)	65(65)	65(65)	65(65)	65(65)	65(65)
瑞士	65(62)	65(63)	65(64)	65(64)	65(64)	65(64)
土耳其	44(40)	44.9(41)	48.6(45.2)	53.1(50.4)	57.7(55.6)	62.3(60.8)
英国	65(60)	65(60)	65(65)	66(66)	67(67)	68(68)
美国	65(65)	66(66)	66(66)	67(67)	67(67)	67(67)

资料来源：OECD，*Pensions at a Glance 2011*：*Retirement-income Systems in OECD and G20 Countries*（OECD Publishing，2011），pp. 25 – 26，http：//dx. doi. org/10. 1787/pension_ glance – 2011 – en。

近几年，由于人口老龄化加速，不少国家和地区的公共养老金系统压力剧增，有的甚至几近崩溃，许多国家不得不克服重重阻力将延迟退休的目标规划提前，缩短改革时间。比如，德国计划到2029年时将退休年龄延迟至67岁，并辅以参保年限的规定：参保45年可以在65岁时退休并领取全额养老金，参保35年可以提前退休并领取按照一定标准扣减的养老金①。法国萨科齐政府于2010年颁布退休制度改革法案，规定从2012年起将最低退休年龄延迟至62岁，领取全额退休金的年龄延迟至67岁，此举引起了全国范围的大罢工和示威游行，此后奥朗德政府对法案进行了调整，将部分劳工退休年龄恢复至60岁，但规定从2020年开始到2035年逐步延长缴费年限至43年②；希腊为应对债务危机，于2015年7月同意债权方的要求，至2022年，逐步将退休年龄提高至67岁，并将领取公共养老金的工作年限要求提高到了40年③。除了上述国家以外，2011～2015年还有不少国家和地区重新调整了退休年龄政策及未来规划，包括捷克、比利时、爱尔兰、意大利、韩国、卢森堡、葡萄牙、斯洛伐克、土耳其等。

二　退休年龄改革的国际经验

综观世界各个国家和地区退休年龄改革的历程和现状，延迟退休大多是在重重困难和阻碍中艰难推行。为了尽快达到延迟退休的政策目标，同时减轻政策变革所带来的各方面冲击，各国改革思路普遍是多管齐下，多项变革措施同时采用。综合来看，较为一致且普遍的做法主要有渐进式延迟退休年龄、实行弹性退休制和延长缴费或参保年限。

---

① 《延迟退休　为啥这样纠结？》，《北京青年报》2015年12月14日。
② 《法国改革退休制度》，《人民日报》2013年12月21日。
③ 《希腊誓以"改革换资金"》，《金融时报》2015年8月5日。

首先，渐进式延迟退休年龄几乎是所有国家延迟退休改革一致采取的方式，渐进式改革的目的在于减轻延迟退休的社会冲击，我们可以将其称为延迟退休改革的"软着陆"。一般来说，渐进式延迟退休主要有两种具体操作方式。一种是小步渐进，退休年龄每年递增一个月或若干个月，以德国为例，延迟退休的目标是到2029年时退休年龄延迟至67岁，分两个阶段进行：第一阶段退休年龄从2012年的65岁开始每年延长一个月，到2024年延迟至66岁；第二阶段退休年龄每年延长两个月，到2029年恰好延迟至67岁（戴卫东、顾梦洁，2013）。另一种是以出生年份为标准，越晚出生退休年龄越大，以美国为例，根据表7-1，2002年美国的退休年龄为65岁，之后上升到66岁并保持到2020年，然后继续上升到67岁并保持到2050年，由此考虑两个时间节点，即2002年（65岁人的出生年份为1937年）和2020年（66岁人的出生年份为1954年），规定1937年及以前出生的人可以在65岁退休，1938～1954年出生的人在66岁退休，1955年及以后出生的人则要求在67岁退休（谭月，2015）。两种渐进延迟退休改革方式殊途同归，在关于中国延迟退休方式的研究中都有不少学者提及并建议，然而，我们认为小步渐进的方式更加柔和些，并且灵活性也更大，更适合中国现阶段的基本国情。

其次，弹性退休制也是各国普遍采取的辅助措施，其优势是一方面给予职工一定的退休自主选择权；另一方面可利用弹性退休机制设计，设置养老金待遇的惩罚和奖励来约束提前退休或激励延迟退休。根据各国的经验，弹性退休制的具体做法是在退休年龄政策中设置一个最低退休年龄和一个正常退休年龄，规定如果职工按照正常退休年龄退休，则可领取全额退休金；如果职工在最低退休年龄和正常退休年龄之间退休，则领取的退休金将被扣减一定比例；如果职工超过正常退休年龄退休，则领取的退休金将包含一定比例的奖励。表7-2显示的是2014年部分OECD成员弹性退休制的设置方案，以奥地利为例，奥地利最低退休年龄为 62 岁，正常退休年龄为 65 岁，如果职工在 62 ~ 65 岁退休，则每年领取的养老金将被扣减 5.1%；如果职工实际退休年龄超过 65 岁，则每延迟一年退休金就增加 4.2%。在弹性退休机制设计中，有的国家还设置了最高退休年龄，比如，美国，超过 70 岁退休就不再享受退休金的奖励。如果说渐进延迟退休方式是减小职工心里对延迟退休的抵触，那么弹性退休中赋予职工退休自主选择权及养老金待遇奖惩机制，便可完全化解职工对延迟退休的抵触。

表 7 - 2　部分 OECD 成员弹性退休制的设置方案（2014 年）

单位：岁，%

	最低退休年龄	养老金扣减比例	正常退休年龄	养老金提升比例
奥地利	62	5.1	65	4.2
加拿大	60	7.2	65	8.4
捷克	65	3.6 ~ 5.6	68	6.0
爱沙尼亚	62	4.8	65	10.8
芬兰	63	4.8	65	7.2
法国	62	5.0	63	5.0
德国	63	3.6	65	6.0
冰岛	65	7.0	67	6.0
日本	60	6.0	65	8.4
斯洛伐克	65	6.5	67	6.0
瑞士（男性）	63	6.8	65	5.2 ~ 6.3
瑞士（女性）	62	6.4 ~ 7.1	64	4.5 ~ 5.0
美国	62	5.0 ~ 6.7	66	8.0

资料来源：OECD, *Pensions at a Glance 2015: OECD and G20 Indicators* (Paris: OECD Publishing, 2015), http: //dx. doi. org/10. 1787/pension_ glance - 2015 - en。

最后，延长缴费或参保年限主要是从公共养老基金收支平衡角度进行的考虑。当然，延长缴费或参保年限亦即延长职工的工作年限，对于现在寿命与受教育年限都延长的情况，无疑会进一步促进人力资源被充分利用。从国际经验看，社会各界，尤其是劳工阶层对延迟退休年龄的反应是比较激烈的，所以各国在进行退休制度改革时都普遍着手于其他制度参数的调整，而延长缴费或参保年限便是其中十分重要的措施之一。以法国为例，萨科齐执政期间，延迟退休导致大规模罢工和示威游行，在一定程度上使其在 2012 年的总统竞选中失败，奥朗德上台后承诺恢复退休年龄政策，但面对与萨科齐一样的社保难题及财政困境，奥朗德选择了一条较为温和的路径，即到 2035 年时将缴费或参保年限提高至 43 年，并在议会上获得了通过。除了法国以外，德国和希腊也是将领取全额养老金的缴费或参保年限分别提升到了 45 年和 40 年。中国职工基本养老保险制度规定的最低缴费年限仅为 15 年，远低于世界其他国家和地区的水平，这在一定程度上增加了中国基本养老金收支的平衡压力，因此在现阶段中国延迟退休改革中，适当提高基本养老保险的最低缴费年限也是一个十分必要的选择。

三 本章主要结论

本章通过对 OECD 成员退休年龄设置的现状及各国至 2050 年延迟退休规划的梳理，发现 OCED 成员在进行延迟退休改革时虽然小心翼翼，但也没能一帆风顺地推进。我们总结各国退休年龄政策的各参数设置及延迟退休各项措施，得出以下三个较为成功的经验。

首先是渐进式延迟退休年龄，这几乎是所有 OECD 成员采取的延迟退休方式。各国的实践表明，渐进式延迟退休年龄可在较大程度上消除延迟退休对社会经济的负面影响，尤其是劳工阶层的抵触。从各国的经验看，渐进式延迟退休年龄有两种方式：一是小步渐进，即每年将法定退休年龄延长若干个月；二是将退休年龄和出生年份挂钩，即规定不同的出生年份对应不同的退休年龄，出生年份越晚，则退休年龄的设置就越大。

其次是采取弹性退休制度，包括弹性退休年龄设置和弹性退休待遇设置。从各国经验看，弹性退休制度往往和渐进式延迟退休方式相结合，在延迟退休的同时赋予职工一定的退休自主决策权，用于进一步化解渐进方式无法解决的因延迟退休改革而引发的社会矛盾。在具体操作上，弹性退休年龄一般和弹性退休待遇相结合，不同退休年龄搭配不同退休待遇，从而起到奖励延迟退休、限制提前退休的作用。

最后是延长缴费年限，即延长领取全额养老金的缴费年限要求。从各国经验看，一方面，延长缴费年限可以增加公共养老基金的缴费收入，提高基金的偿付能力；另一方面，延长缴费年限亦即延长工作时间，可以促进人力资源的充分利用。此外，从各国经验亦可发现，劳工阶层对延长缴费年限的抵触要远小于直接延迟退休年龄，所以有些国家的延迟退休改革在付出沉重代价以后，放弃了延迟法定退休年龄，而直接调整缴费年限要求。

第八章　职工延迟退休决策的影响因素分析

一　基本养老保险制度对职工退休决策的影响[①]

由于人口老龄化加剧，老年人口的绝对和相对规模均不断扩大，基本养老保险制度支付压力剧增。为了缓和基本养老保险的财务压力，也为了促进人力资源的充分利用，近年来关于调整退休年龄政策的呼声越来越高。

目前，中国退休年龄政策包括提前退休、正常退休和延迟退休，三种政策各有不同的受众群体。如前面章节所述，提前退休主要针对特殊工种和"病退"，属人性化考虑的政策设计，延迟退休主要针对高级专家和部分领域的骨干专业技术人员，是出于优质人力资源充分利用的政策考虑。然而，多年来由于缺乏足够重视和有效规范，提前退休现象较为泛滥，提前退休比例大大超过了正常范围（郭福栓，2009），这在一定程度上增加了基本养老保险的财务负担。理论界对此进行了相关研究，部分学者将源头指向基本养老保险制度，认为当前实施的基本养老保险制度本身就存在激励职工提前退休的机制设计（杨珺、赵永生，2009；阳义南，2013）；当然也有部分学者持不同观点，比如，杨俊、宋嫒（2008）采用山东省2007年的退休数据进行回归分析，指出1997年改革以后的基本养老保险制度不会激励职工提前退休；廖少宏（2012）基于中国综合社会调查数据

[①]　本部分内容及基本观点来自陈鹏军《基本养老保险制度与职工退休选择行为研究》，《社会主义研究》2015年第3期。

对提前退休行为及其影响因素进行研究也得出了相同的结论。

究竟基本养老保险制度是否激励职工提前退休，我们认为不能一概而论。当前研究多是针对某一退休截面数据进行的分析，其所得结论只能反映某一职工群体的选择，不能用于说明制度对所有职工退休选择的影响。中国基本养老保险制度的变迁具有特殊性，在这一背景下不同时期参保和退休的职工受政策的影响及对政策的反应是不同的。现行基本养老保险制度建立的时间较晚，制度中存在"老人""中人""新人"三类人群，其中前两类人群都有制度建立前的工作年限，其退休养老待遇都含有一定的福利成分，因此，在研究制度本身是否激励职工提前退休时，如果包含这两类人群便显得不太科学。基于此，我们选择基本养老保险制度能够完全覆盖的"新人"作为研究对象，来探索现行制度本身对职工退休决策的影响。

在基本养老保险制度各项具体政策中，对职工提前退休与否影响较大的莫过于缴费和养老待遇，两者应当是对应的，即缴费的多少决定待遇的高低。然而，根据"2005 年规则"，基本养老保险的个人缴费全部进入个人账户，企业缴费全部进入社会统筹，而养老待遇则分别来自社会统筹和个人账户。因此，不考虑中国基本养老保险制度的特殊性，完全依据现收现付或完全积累的方法测算养老待遇是不科学的（胡玉琴，2012）。为了更贴近中国基本养老保险制度实际，本书根据"2005 年规则"所制定的缴费和养老金计发方法，构建相关模型，并通过模拟验证提前或延迟退休对职工领取的养老金数额及其替代率的影响，进而分析制度影响职工退休选择的内在机理。

（一）基本养老保险养老金计发模型[①]

根据"2005 年规则"，个人缴费逐年累计形成个人账户养老金

---

① 这里有一点需要特别说明，本部分所构建的基本养老金待遇模型与第四章是有差异的，第四章研究的是养老基金总体，构建的是养老基金收支总量模型，而本部分基于职工个人角度，构建的是有关养老待遇的个人微观模型。

计发基数，个人缴费越多，时间越长，基数就越大，而基础养老金来源于社会统筹基金，与个人缴费并无直接关系。对于个人决策而言，个人退休后的养老金水平及延迟或提前退休对养老金的影响是其考虑退休时机的重要因素。为便于研究和比较，与前述章节一样，本章亦对缴费和养老金计发频率进行了年化处理，并假定缴费和养老金支付都发生在每年年初①。

1. 基础养老金待遇模型

以 R_1 表示基础养老金，根据 2005 年规则，基础养老金待遇模型为：

$$R_1 = \bar{W}(1 + g_2)^{r-x} \cdot [1 + \alpha] \div 2 \times (r - x) \times 1\%$$
$$= 0.005\bar{W}(1 + g_2)^{r-x} \cdot \left[(r - x) + \tau \cdot \sum_{k=0}^{r-x-1} \left(\frac{1 + g_1}{1 + g_2} \right)^k \right] \quad (8 - 1)$$

其中：α 表示个人缴费工资指数，τ 表示个人参加基本养老保险（参保）上一年度的工资水平与社会平均工资的比值，即 $\tau = \omega / \bar{W}$，ω 表示个人参保上一年度的工资水平，$\bar{W}$ 表示个人参保上一年度的社会平均工资，g_1 表示个人工资的年增长率，g_2 表示社会平均工资的年增长率，x 为个人参保年龄，r 为个人退休年龄。

2. 个人账户养老金待遇模型

从"1997 年规则"到"2005 年规则"，个人账户养老金计发方法的变革主要针对计发月数。与"1997 年规则"设置固定 120 个月的计发月数不同，"2005 年规则"综合考虑了死亡率、预期寿命、利息率等因素对不同退休年龄设置了不同的计发月数。为了便于研究和比较，这里我们亦将计发月数换算为计发年数（只需将计发月

---

① 如想获得每月缴费额和养老金领取额，则只需除以 12 即可。

数除以 12 即可），用 R_2 表示个人账户养老金，则：

$$R_2 = \frac{\theta w (1 + i)^{r-x}}{H} \cdot \sum_{k=0}^{r-x-1} \left(\frac{1 + g_1}{1 + i}\right)^k \quad\quad (8-2)$$

式（8-2）中：θ 表示缴费率，H 表示养老金的计发年数，i 表示历年缴费的投资收益率。

3. 基本养老金待遇模型

根据"2005 年规则"，基本养老金由基础养老金和个人账户养老金组成，用 R 表示基本养老金，即：

$$R = R_1 + R_2 \quad\quad (8-3)$$

我们将退休待遇视为退休年龄的函数，则基础养老金、个人账户养老金和基本养老金计发模型分别调整为：

$$R_1(r) = 0.005 \overline{W} (1 + g_2)^{r-x} \cdot \left[(r - x) + \tau \cdot \sum_{k=0}^{r-x-1} \left(\frac{1 + g_1}{1 + g_2}\right)^k \right]$$

$$(8-4)$$

$$R_2(r) = \frac{\theta w (1 + i)^{r-x}}{H} \cdot \sum_{k=0}^{r-x-1} \left(\frac{1 + g_1}{1 + i}\right)^k \quad\quad (8-5)$$

$$R(r) = R_1(r) + R_2(r) \quad\quad (8-6)$$

（二）基本养老金计发模拟分析

1. 相关数据的选择

（1）参保年份：本书研究的重点是考察现行基本养老保险制度是否激励提前退休，因此排除跨越新旧制度的参保人的影响。本书选择 2006 年为职工参保年份，即以"2005 年规则"出台后才参加工作且参保的这部分"新人"为考察对象，并且假定缴费从参保直至退休（超过 15 年）。

（2）社会平均工资与个人工资：根据国家统计局公布的数据，2006 年，中国城镇单位在岗职工的平均工资为 21001 元[①]。对于个人工资，本书选择三档进行对比研究：低收入者（工资低于社会平均工资的 60%），τ 取 0.6；中等收入者，τ 取 1.2；高收入者（工资高于社会平均工资的 300%），τ 取 3.0。

（3）工资增长率：根据工资水平和经济增长的相关关系及未来中国经济增长预测，本书将个人工资和社会平均工资增长率都设定为 5%。

（4）缴费率：根据"2005 年规则"，基本养老保险个人缴费比例统一为 8%。

（5）投资收益率：选取 2009～2014 年城镇职工基本养老保险基金投资的平均收益率，即 2.43%[②]。

（6）养老金计发年数：根据"2005 年规则"确定的计发月数除以 12。

2. 模拟结果及分析

我们考察一企业职工，参保时年龄 22 岁，我们考虑职工参保时的工资水平与社会平均工资水平的比值为 0.6、1.2 和 3.0 三种情形，测算该职工退休时所能领取的各类养老金水平及其替代率。

根据表 8 - 1 所显示的模拟测算结果，我们很容易发现这样一个规律：无论是低收入群体、中等收入群体，还是高收入群体，退休年龄越高，退休养老金及其替代率就越高，这说明对于同一群休或某一个体而言，在持续缴费前提下，越晚退休，领取的养老金就越多，退休前后的生活水平差距就越小，因此在不考虑其他因素的情况下，延迟退休的意愿就越强。

---

① 中华人民共和国国家统计局网站，http：//www. stats. gov. cn。
② 《中国社会保险发展年度报告 2014》。

表 8 - 1　不同退休年龄养老金水平及其替代率

τ	退休年龄（岁）	基础养老金（元）	个人账户养老金（元）	基本养老金（元）	基础养老金替代率（%）	个账养老金替代率（%）	基本养老金替代率（%）
$\tau = 0.6$	55	27739	7926	35665	46.2	13.2	59.4
	56	30009	8415	38424	47.6	13.3	60.9
	57	32436	8947	41383	49.0	13.5	62.5
	58	35031	9526	44557	50.4	13.7	64.1
	59	37804	10229	48033	51.8	14.0	65.8
	60	40767	10930	51697	53.2	14.3	67.5
	61	43932	11789	55721	54.6	14.7	69.3
	62	47311	12752	60063	56.0	15.1	71.1
	63	50918	13955	64873	57.4	15.7	73.1
	64	54768	15343	70111	58.8	16.5	75.3
	65	58876	16961	75836	60.2	17.3	77.5
$\tau = 1.2$	55	38141	15852	53993	31.8	13.2	45.0
	56	41262	16831	58093	32.7	13.3	46.1
	57	44599	17894	62494	33.7	13.5	47.2
	58	48167	19053	67220	34.7	13.7	48.4
	59	51980	20458	72438	35.6	14.0	49.6
	60	56054	21860	77914	36.6	14.3	50.8
	61	60406	23578	83984	37.5	14.7	52.2
	62	65053	25504	90556	38.5	15.1	53.6
	63	70013	27909	97922	39.5	15.7	55.2
	64	75307	30686	105992	40.4	16.5	56.9
	65	80954	33921	114876	41.4	17.3	58.7
$\tau = 3.0$	55	69347	39629	108976	23.1	13.2	36.3
	56	75021	42077	117098	23.8	13.3	37.1
	57	81089	44736	125825	24.5	13.5	38.0
	58	87576	47632	135208	25.2	13.7	38.9
	59	94510	51145	145654	25.9	14.0	39.9
	60	101917	54649	156566	26.6	14.3	40.9
	61	109829	58945	168774	27.3	14.7	42.0
	62	118277	63759	182036	28.0	15.1	43.1
	63	127296	69774	197070	28.7	15.7	44.4
	64	136921	76715	213636	29.4	16.5	45.9
	65	147190	84803	231993	30.1	17.3	47.4

我们进一步对不同收入水平的职工群体进行比较分析，结论显示，低收入群体的替代率最高，即其退休后领取的养老金与退休前的收入差距最小。国际上常用替代率来衡量老年人退休前后收入的变化，在一定程度上衡量老年人退休前后生活水平的变化，一般来说，替代率越高，这种变化就越小，老年人的退休生活就越平稳。根据表 8 − 1 中的数据，高收入群体（$\tau = 3.0$）65 岁退休时其养老金替代率仅为 47.4%，即退休后的养老金收入仅为其退休前收入的 47.4%，而这一水平中等收入群体（$\tau = 1.2$）在 58 岁退休就可以达到，如果是低收入群体，则更低。因此在三类人群中，低收入者提前退休的意愿是最强的，这就解释了当前低收入人群坚决反对延迟退休年龄的原因。

职工的退休选择是综合考虑各方面因素后的考量，基本养老保险的制度设计只是其一，而且这一因素对于职工退休选择的主观重要性在不同群体中是存在差异的，甚至个体之间也是不同的。因此，要解决不规范的提前退休问题，提高广大职工延迟退休的意愿，我们认为重点不在于基本养老保险制度本身，而在于职工的收入水平、工作环境、工作压力、权益保障等对职工退休决策选择影响更大的制度外因素。

二 职工个体及工作特质与延迟退休态度相关性的统计检验[①]

延迟退休在发达国家已有较为成熟的经验，这些经验对于未来中国延迟退休的改革实践具有十分重要的借鉴意义。然而，一项政策如果不能获得广泛的群众支持，那么所有研究和探讨都将

毫无意义。在第二章中我们已对课题组关于"职工对延迟退休态度"调查的有关数据进行了整理和归纳,梳理并总结了不同职工群体对延迟退休政策认知及态度的差异。然而,这些仅仅停留在调查数据的描述性分析层面,总结出的规律也只能进行表面现象的解释,对实际问题的解决也只能起到有限的作用。因此,为了保证后续延迟退休配套改革措施设计的科学性,我们将运用统计学的相关性检验方法对影响职工延迟退休态度的各个因素做进一步的提炼。

如果我们将职工的延迟退休态度及所有影响延迟退休态度的因素都视为变量,则当中既有定类变量,也有定序变量。由于定类变量和定序变量在相关性检验方面所用的方法是不同的,因此我们对延迟退休态度变量也相应进行调整:对于影响因素是定类变量的,延迟退休态度调整为两分变量,即将问卷调查中回答"全力支持"、"支持"和"无所谓"的数据合并为"不反对",将"反对"和"坚决反对"的数据合并为"反对";对于影响因素是定序变量的,延迟退休态度变量的取值仍然沿用问卷中设计的五个有序值(下文所有有关定类变量和定序变量的分析沿用上述调整)。

(一) 职工所在区域与延迟退休态度相关性的统计检验

职工工作所在的经济区域分为东部、中部、西部和东北区域,前述的描述性分析表明职工所在的经济区域越发达,则越反对延迟退休。现在我们进一步验证这一结论,由于区域变量属于定类变量,因此采用卡方相关性检验方法。表 8 - 2 给出了卡方相关性检验结果,从中我们可以看到,区域变量的 Pearson 卡方值 (χ^2) 为 20.143,自由度为 3,Asymp. Sig. (2 - sided) 为 0.000,拒绝零假设,表明职工所处的经济区域与延迟退休态度存在相关性,即不同经济区域的职工对延迟退休态度存在显著差异。

表 8 - 2　经济区域与职工延迟退休态度相关性的卡方检验结果

Pearson 卡方值	自由度 df	$\chi^2_{0.05}$ 临界值	Asymp. Sig. (2 - sided)
20.143	3	7.81	0.000

（二）职工个体特质与延迟退休态度相关性的统计检验

职工个体特质因素主要包括性别、年龄、健康状况、婚姻状况、学历、家庭供养人数和退休准备七个变量，其中，性别、婚姻状况和退休准备属于定类变量，年龄、健康状况、学历和家庭供养人数属于定序变量。前述的描述性分析表明除了学历变量外，性别、年龄、健康状况、婚姻状况、家庭供养人数和退休准备六个变量与延迟退休态度变量之间是存在相关性的。这里我们进一步进行统计验证，首先运用卡方检验分别考察性别、婚姻状况、退休准备和延迟退休态度之间的相关性，结论显示：性别变量的 Pearson 卡方值（χ^2）为 14.332，自由度为 1，Asymp. Sig. (2 - sided) 为 0.000，拒绝零假设，表明性别与延迟退休态度存在相关性，即不同性别的职工对延迟退休态度存在显著差异；婚姻状况变量的 Pearson 卡方值（χ^2）为 92.933，自由度为 1，Asymp. Sig. (2 - sided) 为 0.000，小于 0.05 的显著性水平，结果同样表明婚姻状况与延迟退休态度存在显著相关性，即拥有配偶与否对延迟退休态度存在明显差异，有配偶职工反对延迟退休的比例要显著高于无配偶者；退休准备变量的 Pearson 卡方值（χ^2）为 113.449，自由度为 1，Asymp. Sig. (2 - sided) 为 0.000，小于 0.05 的显著性水平，表明退休准备与延迟退休态度存在显著的相关性，结合前述描述性分析可知，没有退休准备的职工更加反对延迟退休（见表 8 - 3）。

表8-3　个体特质因素与职工延迟退休态度相关性的卡方检验

个体特质	Pearson 卡方值	自由度 df	$\chi^2_{0.05}$ 临界值	Asymp. Sig. (2 - sided)
性别	14.332	1	3.84	0.000
婚姻状况	92.933	1	3.84	0.000
退休准备	113.449	1	3.84	0.000

对于年龄、健康状况、学历、家庭供养人数与延迟退休态度的相关性，我们采用 Kendall 相关分析方法，结论显示，学历变量的 Sig. (2 - sided) 为 0.796，大于 0.05（见表 8 - 4），未通过显著性水平检验，表明学历高低与延迟退休态度之间的相关性并不显著；年龄、健康状况、家庭供养人数三个因素与延迟退休态度之间均存在弱正相关关系，且都通过了 1% 的显著性水平检验，表明年龄越大、健康状况越差或家庭需要供养的人数越多，职工反对延迟退休的态度就越强烈，这也进一步印证了前述章节描述性分析的结论。

表8-4　个人特质因素与职工延迟退休态度关系的相关性检验

指标	年龄	健康状况	学历	家庭供养人数
Kendall tau - b 相关系数	0.076 ***	0.078 ***	0.003	0.122 ***
Sig. (2 - sided)	0.000	0.000	0.796	0.000
Spearman 相关系数	0.092 ***	0.087 ***	0.003	0.144 ***
Sig. (2 - sided)	0.000	0.000	0.799	0.000
样本数 N	5978	5978	5978	5978

注：为了更准确验证结论，这里包括后续有关定序变量的相关性检验，我们同时测算 Spearman 相关系数，与 Kendall tau - b 相关系数进行比较，以保证结论的稳定性。

注：*** 表示通过了 1% 的显著性水平检验。

（三）职工工作特质与延迟退休态度相关性的统计检验

职工的工作特质因素包括职业状态、工作单位类型、劳动性质、工作岗位类别、工作场所、收入水平和职称等反映工作属性的七个方面。此外，我们将职工对工作或岗位的喜欢程度、对工作压力或强度的主观感受、对工作环境的满意度及对工作待遇的满意度等反映对工作认可度的四个主观感受变量也纳入其中一并分析。其中，职业状态、工作单位类型、劳动性质、工作岗位类别、工作场所五个变量属于定类变量，其余均为定序变量。

1. 工作特质与延迟退休态度的相关性检验

对于职业状态、单位类型、劳动性质、岗位类型、工作场所五个定类变量，卡方检验结果显示，职业状态和劳动性质两个因素都没有通过5%显著性水平检测，结合前述章节的描述性分析，前者在一定程度上是源于"已退休"职工反对延迟退休比例"异常"的影响，后者或许源于现在体力劳动和脑力劳动并没有十分严格的界限，而且不同的职工对体力劳动和脑力劳动的偏好也可能存在差异；单位类型、岗位类型和工作场所三个因素都通过了卡方检验和5%的显著性水平检验，表明职工的延迟退休态度因工作单位类型的不同、工作岗位的不同和工作场所的不同存在显著性差异（见表8-5）。

表8-5　工作特质因素与职工延迟退休态度相关性的卡方检验

指标	职业状态	单位类型	劳动性质	岗位类型	工作场所
Pearson 卡方值	5.851	174.256	0.761	32.038	13.597
自由度 df	2	4	2	1	3
$\chi^2_{0.05}$ 临界值	5.99	9.48	5.99	3.84	7.81
Asymp. Sig. (2 - sided)	0.054	0.000	0.684	0.000	0.004

收入水平和职称两个定序变量，我们同样运用 Kendall 相关分析方法进行验证。结论表明，收入变量和职称变量都没有通过5%的显著性水平检验，表明收入水平与职称高低和职工的延迟退休态度之

间均无显著的相关关系，这与前述章节描述性分析得出的结论是一致的（见表 8－6）。

表 8－6　工作特质因素与延迟退休态度关系的相关性检验

指标	收入水平	职称
Kendall tau－b 相关系数	－0.012	0.012
Sig.（2－sided）	0.278	0.286
Spearman 相关系数	－0.014	0.014
Sig.（2－sided）	0.273	0.285
样本数 N	5978	5978

2. 工作主观认可度与延迟退休态度的相关性检验

一般情况下，职工对自己所从事工作的留恋或厌恶与职工对工作或岗位的喜欢程度、对工作环境及待遇的满意度，以及对工作强度或压力的主观感受等因素是密不可分的，所以，这些因素也自然会影响职工对延迟退休的态度，这一点在前述章节的描述性分析中也有论及。下面，我们运用 Kendall 相关分析方法进一步验证，结果显示职工对工作或岗位的喜欢程度、对工作压力或强度的主观感受、对工作环境和待遇的满意度四个认可度变量与职工对延迟退休态度的 Kendall tau－b 相关系数分别为 0.139、0.091、0.148 和 0.173，且均通过了 0.01 的显著性水平检验（见表 8－7），这表明四个工作认可度因素与职工对延迟退休态度存在显著的正向相关关系（弱相关），这与上述调研资料的统计描述是一致的。

表 8－7　工作认可度与职工延迟退休态度的相关性检验

指标	对工作或岗位喜欢程度	对工作压力或强度的主观感受	对工作环境满意度	对待遇满意度
Kendall tau－b 相关系数	0.139 ***	0.091 ***	0.148 ***	0.173 ***
Sig.（2－sided）	0.000	0.000	0.000	0.000

续表

指标	对工作或岗位喜欢程度	对工作压力或强度的主观感受	对工作环境满意度	对待遇满意度
Spearman 相关系数	0.160 ***	0.107 ***	0.170 ***	0.202 ***
Sig.（2 – sided）	0.000	0.000	0.000	0.000
样本数（N）	5078	5078	5078	5078

注：***表示通过了1%的显著性水平检验。

（四）结论及政策含义

我们结合卡方检验和 Kendall 等非参数相关性检验方法，对影响职工延迟退休态度的区域因素、个人特质因素和工作特质因素进行分析，得出了除区域因素外，与职工延迟退休态度有显著相关性的13 个个人或工作特质因素，即性别、年龄、健康状况、婚姻状况、家庭供养人数、退休准备、工作单位类型、工作岗位类别、工作场所、对工作或岗位的喜欢程度、对工作压力或强度的主观感受、对工作环境满意度，以及对工作待遇的满意度。从研究结论可知，虽然反对延迟退休的职工比例高达五成以上，但是 13 个方面在一定程度上也给延迟退休的配套改革或前期努力指明了方向。

首先，在实施延迟退休政策之前，应着力改善职工的工作环境，采取相应的措施降低职工的工作强度，开辟多元化渠道舒缓职工的工作压力和不良情绪，完善各项措施保障职工各项权益；同时，引导和促进劳动力在不同地区、不同工作、不同岗位间的流动，破除障碍与壁垒，通过工作或岗位的合理流动提高职工对所从事工作或所在岗位的兴趣度；再者，应提高退休制度及各项社会保障制度的透明性，尤其是基本养老保险制度，让职工能够明晰养老金的来龙去脉。

其次，在启动延迟退休改革时，应结合实际情况，尽量兼顾各方诉求，采用灵活的、能够更好地体现职工主观能动性及自主权的退休制度设计方式，比如，弹性退休制度，以养老金待遇的差别化来引导职工自愿延迟退休年龄。在延迟退休改革的具体路径上，宜采用循序渐进的改革方式，比如小步渐进、三年延长六个月，或一年延长一个月等，避免"一刀切"式的改革所可能引发的大范围强烈抵制。在试点人群的选择上，可以考虑先延迟政府部门、行政机关工作人员，及教授、医生等高级或高技术人才的退休年龄，以减少延退抵触，同时促进人力资源的充分利用。

总之，延迟退休政策改革难度虽大，但并非不可行，我们在调研中发现，在假设退休及养老相关制度得到完善、职工各项权益与合理诉求能够得到保障与满足等条件下，许多原先反对延迟退休的职工也会转而支持延迟退休政策。所以，创造一个公平、公正的制度与政策环境，让广大职工能够真正感受劳动的价值和尊严，是减小延迟退休改革阻力的第一要务。诚然，当广大职工都能热爱自己的工作、爱岗敬业，则延迟退休便是水到渠成之事。

三　职工延迟退休决策影响因素的实证分析[①]

我们基于调研数据，进一步运用实证分析方法提炼职工退休决策的影响因素，并分析各因素如何影响职工的延迟退休态度与决策。

（一）变量选择与设置

1. 因变量设置

根据这一节研究目的，因变量自然是职工对延迟退休的决策态度。为了获取该变量数据，出于提高研究的便利性，我们延续前文的做法，将问卷调查中关于延迟退休决策态度的选项做一个两分变换，即将"全

---

① 本部分内容及基本观点来自王竹、陈鹏军《我国职工延迟退休意愿决定因素实证分析——基于全国 28 个省级行政区的调查数据》，《江苏大学学报》（社会科学版）2018 年第 6 期。

力支持"、"支持"和"无所谓"数据统一合并为"不反对",赋值"0",将"反对"和"坚决反对"数据合并且重新命名为"反对",赋值"1"。这样,职工的延迟退休决策态度(DR)便成为一个二分变量。

2. 自变量的选择

实证分析所需自变量为职工借以决定是否延迟退休的各个影响因素。根据对现有文献的分析及课题组的前期研究,调查问卷从职工所在经济区域、职工的性别、年龄、健康状况、学历层次、婚姻状况、家庭负担、退休准备、职业状态、工作单位类型、职称或职级、劳动性质、岗位类别、工作场所、收入水平,以及职工对工作的喜欢程度、对工作压力或工作强度的主观感受、对工作环境的满意度、对工资福利的满意度19个方面进行问题设置,从而获得19个可能对职工延迟退休决策态度产生影响的变量。根据前述章节的研究,我们已熟悉学历、职业状态、劳动性质、收入水平和职称五个因素与职工的延迟退休决策态度之间并无显著相关性,因此在实证分析前我们将这五个因素先行剔除。如此,可能对职工延迟退休决策态度产生影响的变量就剩下14个,其中,职工所在经济区域、职工的性别、婚姻状况、退休准备、工作单位类型、岗位类别、工作场所七个因素属于定类变量,其余七个因素为定序变量。由于在统计分析和实证研究中对定类变量和定序变量的处理方法是不一样的,因此我们有必要对二者分别设置。表8-8和表8-9为七个定类变量和七个定序变量的设置及赋值结果。

表8-8　定类变量的设置及赋值

影响因素	变量所含属性	变量符号	变量赋值
经济区域	西部地区,中部地区东北地区,东部地区	AR_1	西部地区 =1,其他 =0
		AR_2	中部地区 =1,其他 =0
		AR_3	东部地区 =1,其他 =0

续表

影响因素	变量所含属性	变量符号	变量赋值
性别	男,女	SE	男 $=1$,女 $=0$
婚姻状况	有配偶,无配偶	MA	有配偶 $=1$,无配偶 $=0$
退休准备	有准备,无准备	RS	有准备 $=1$,无准备 $=0$
工作单位类型	行政机关	WU_1	行政机关 $=1$,其他 $=0$
	事业单位、国有企业或国有控股企业	WU_2	事业单位、国有企业或国有控股企业 $=1$,其他 $=0$
	其他类型企业	WU_3	其他类型企业 $=1$,其他 $=0$
	个体工商户和自由职业者	WU_4	个体工商户和自由职业者 $=1$,其他 $=0$
工作岗位类别	领导、非领导	PT	非领导 $=1$,领导 $=0$
工作场所	有毒有害恶劣环境	WP_1	有毒有害恶劣环境 $=1$,其他 $=0$
	普通室外	WP_2	普通室外 $=1$,其他 $=0$
	大堂、车间等普通室内,办公室	WP_3	大堂、车间等普通室内,办公室 $=1$,其他 $=0$

表 8-9　定序变量的设置及赋值

影响因素	变量符号	变量所含属性及赋值
年龄	AG	29 岁以下 $=1$,30～39 岁 $=2$,40～49 岁 $=3$ 50～59 岁 $=4$,60 岁及以上 $=5$
健康状况	HE	良好 $=1$,一般 $=2$,较差 $=3$
家庭负担	RA	负担 0 个人(自己) $=0$,负担 1 个人 $=1$ 负担 2 个人 $=2$,负担 3 个人及以上 $=3$
工作喜欢程度	JE	很喜欢 $=1$,喜欢 $=2$,一般 $=3$,不喜欢 $=4$,很不喜欢 $=5$
工作压力或强度	JP	很小 $=1$,较小 $=2$,适中 $=3$,较大 $=4$,很大 $=5$
工作环境满意度	ES	很满意 $=1$,满意 $=2$,一般 $=3$,不满意 $=4$,很不满意 $=5$
工资福利满意度	IS	很满意 $=1$,满意 $=2$,一般 $=3$,不满意 $=4$,很不满意 $=5$

(二) 模型设定与回归结果

由于模型的因变量属于两分变量,我们采用二分 Logistic 回归模型,并将"发生比"定义为职工"反对"延迟退休的比例 (p) 与

"不反对"的比例（$1-p$）之比。鉴于自变量中包含定类变量，因此在前述变量设置与赋值中我们将各个定类自变量设置了个数为其内含属性减1的虚拟变量（见表8-10）。结合调研数据，我们就14个因素（包括虚拟变量，共含21个自变量）与因变量的关系构建二元 Logistic 回归模型（模型一），进而以5%显著性水平为标准剔除不显著变量，最终得到模型二。

表8-10给出了两个模型的回归结果。其中，模型二给出了职工所在的经济区域、性别、健康状况、婚姻状况、退休准备、工作单位类型、家庭负担、职工对工作或岗位的喜欢程度、对工作压力或强度的主观感受、对工作环境的满意度和对工资福利的满意度11个因素对职工延迟退休态度影响的最终回归结果，各因素（变量）的偏回归系数均通过了5%的显著性水平检验。与模型一相比，模型二各变量系数变化不大，方向也是一致的，说明模型二具有稳健性。

此外，为了进一步验证模型二的稳健性，我们还采用基于似然比检验的逐步回归法就全部19个因素（未剔除）对职工延迟退休决策态度的影响进行二元 Logistic 回归，通过筛选后剩余的变量与模型二是一致的，所得系数估计值也十分相近，这可以说明模型二是稳健的。

表8-10　二分 Logistic 回归结果

影响因素（自变量）	变量符号	模型一			模型二		
		回归系数（S. E.）	显著性水平	Exp(B)	回归系数（S. E.）	显著性水平	Exp(B)
常量	α	-3.388（0.288）	0.000	0.034	-3.070（0.198）	0.000	0.046
区域	AR_1	0.109（0.108）	0.310	1.115			
	AR_2	0.251（0.106）	0.018	1.285	0.166（0.072）	0.021	1.180
	AR_3	0.389（0.103）	0.000	1.476	0.324（0.066）	0.000	1.383

续表

影响因素（自变量）	变量符号	模型一			模型二		
		回归系数（S. E.）	显著性水平	Exp(B)	回归系数（S. E.）	显著性水平	Exp(B)
性别	SE	-0.293 (0.058)	0.000	0.746	-0.313 (0.057)	0.000	0.731
婚姻	MA	0.370 (0.079)	0.000	1.447	0.350 (0.072)	0.000	1.420
退休准备	RS	-0.436 (0.058)	0.000	0.647	-0.420 (0.057)	0.000	0.657
工作单位类型	WU_1	0.057 (0.118)	0.628	1.059			
	WU_2	0.726 (0.098)	0.000	2.067	0.742 (0.079)	0.000	2.100
	WU_3	0.980 (0.108)	0.000	2.664	0.973 (0.093)	0.000	2.647
	WU_4	0.616 (0.091)	0.000	1.852	0.593 (0.074)	0.000	1.810
工作岗位类别	PT	-0.188 (0.075)	0.011	0.828	-0.129 (0.073)	0.078	0.879
工作场所	WP_1	0.271 (0.169)	0.108	1.312			
	WP_2	-0.030 (0.169)	0.858	0.970			
	WP_3	-0.101 (0.178)	0.572	0.904			
年龄	AG	-0.014 (0.033)	0.678	0.986			
健康状况	HE	0.159 (0.059)	0.007	1.173	0.133 (0.056)	0.018	1.143
家庭负担	RA	0.153 (0.038)	0.000	1.165	0.137 (0.037)	0.000	1.147
工作喜欢程度	JE	0.187 (0.044)	0.000	1.205	0.191 (0.044)	0.000	1.210

续表

影响因素 （自变量）	变量符号	模型一			模型二		
		回归系数 （S. E.）	显著性 水平	Exp(B)	回归系数 （S. E.）	显著性 水平	Exp(B)
工作压力 或强度	JP	0.194 （0.033）	0.000	1.214	0.202 （0.033）	0.000	1.224
工作环境 满意度	ES	0.196 （0.049）	0.000	1.217	0.145 （0.048）	0.002	1.053
工资福利 满意度	IS	0.277 （0.042）	0.000	1.319	0.281 （0.042）	0.000	1.221

在模型二中，剔除不显著变量（工作岗位类别），根据表 8 – 10 中的偏回归系数，我们可以得出职工对延迟退休政策的反应方程：

$$Y = \text{logit}(P) = \ln(\frac{p}{1-p}) = -3.07 + 0.166AR_2 + 0.324AR_3 - 0.313SE$$
$$+ 0.35MA - 0.42RS + 0.742WU_2 + 0.973WU_3 + 0.593WU_4$$
$$+ 0.133HE + 0.137RA + 0.191JE + 0.202JP + 0.145ES + 0.281IS$$

表 8 – 11 给出了模型二拟合优度的 Hosmer-Lemeshow 检验结果，显著性水平（P 值）为 0.387，不能拒绝模型拟合良好的原假设，表明模型对总体数据的拟合度较好。此外，根据模型预测概率的大小将样本总体分为 10 个组进行预测，表 8 – 11 中数据显示的观测值与所得预测值（期望值）较为接近，这也表明模型的预测效果较为优越。

表 8 – 11 Hosmer-Lemeshow 检验结果

Hosmer-Lemeshow 检验结果			
步骤	卡方	df	Sig.
1	8.494	8	0.387

续表

步骤	延迟退休态度 = 0		延迟退休态度 = 1		总计
	已观测	期望值	已观测	期望值	
1	432	443.609	166	154.391	598
2	385	380.506	213	217.494	598
3	334	340.064	264	257.936	598
4	319	306.922	279	291.078	598
5	278	277.624	320	320.376	598
6	268	247.749	330	350.251	598
7	212	220.446	386	377.554	598
8	200	191.076	398	406.924	598
9	146	157.323	452	440.677	598
10	94	102.680	502	493.320	596

Hosmer-Lemeshow 检验的随机性表

根据二元 Logistic 回归原理，回归系数（B）代表自变量每变动一个单位，则"发生比"的自然对数值的变化量，故而 Exp（B）就表示自变量每变动一个单位时"发生比"的变化量。因此，根据模型二的回归结果，我们便可解读经济区域、性别、健康状况、婚姻状况、退休准备、工作单位类型、家庭负担、职工对工作或岗位的喜欢程度、工作压力或强度的主观感受、工作环境满意度和工资福利满意度 11 个因素对延迟退休意愿的影响：第一，对于职工所处的经济区域，中部地区和东部地区职工反对延迟退休的"发生比"分别为 1.18 和 1.383，表明中部和东部地区职工相对其他地区职工更加反对延迟退休；第二，性别方面，相对于女性，男性反对延迟退休的"发生比"为 0.731，即男性反对延迟退休比例与支持比例的比值仅为女性的 73.1%，表明女性职工反对延迟退休的态度比男性职工更加强烈些；第三，职工身体健康状况的"发生比"为 1.143，表明职工健康状况越差就越反对延迟退休；第四，婚姻方面，有配偶的职工反对延迟退休的"发生比"为 1.42，表明有配偶的职工比无配偶职工更加反对延迟退休；第五，职工家庭负担的"发生比"为1.147，意味着家庭需要供养的人数每增加一人，反对延迟退休的"发生比"就增加1.147个单位，说明家庭抚养和赡养负担越重的职工就越反对延迟退休；第六，退休准备方面，有退休准备的职工反对延迟退休的"发生比"为0.657，说明对未来退休准备有科学规划的职工对延迟退休政策的抵触要小于没有退休准备的职工；第七，与政府机关职工、自由职业者和个体工商户相比，事业单位、国有企业和其他性质企业职工反对延迟退休的"发生比"分别为2.1、2.647和1.81，表明这三类职工对延迟退休政策的抵触情绪是比较强烈的，尤以国有企业职工为甚；第八，"对工作的喜欢程度"、"对工作环境的满意度"和"对工资福利的满意度"三个因素反对延迟退休的"发生比"分别为1.21，1.053和1.221，表明职工对工作越不喜欢，对工作环境及工资福利越不满意，就越反对延迟退休；第九，工作压力或强度的延迟退休反对"发生比"为1.224，说明工作压力或工作强度的大小与职工对延迟退休的反对程度呈正相关关系，即工作压力或工作强度越大，职工就越反对延迟退休。

（三）实证结论与政策含义

通过对职工所处的经济区域、职工个体特质因素及工作特质因素与延迟退休意愿进行回归分析，表明区域因素以及职工的某些个体和工作特质对延迟退休决策态度将产生一定影响，主要表现如下。

第一，区域方面，中部和东部地区职工更为反对延迟退休，尤以东部地区的职工为甚。虽然中部和东部地区相对于西部和东北地区经济更为发达，尤其是东部地区几乎集中了中国经济最为发达的全部省份，然而，严峻的竞争环境和巨大的工作压力使这些区域的职工对于延迟退休政策反而更为抵触。诚然，这一结论可以为中国延迟退休改革试点地区的选择提供一个参考依据。

第二，性别方面，女性较男性更加反对延迟退休，也就是说，延迟退休政策在女性职工中将有较大的阻力。这一结果在很大程度上源自中国特殊的家庭模式，几千年来，男权制思想将女性的主要社会功能局限在家庭中，且已根深蒂固，即便在女性已获得充分解放且起着越来越重要作用的当今社会，女性在创造社会及经济价值的同时，仍然承担着最主要的家庭抚育功能。因此，在这种模式没有彻底改变之前，期许女性能有更多时间留给家庭必然是男性职工与女性职工的共同愿望。

第三，工作单位类型方面，整体来看，各类企业职工、事业单位职工比政府机关职工、自由职业者和个体工商户更加反对延迟退休。结合前述章节进行的描述性分析的结论，各类企业职工抵制延迟退休主要源于较大的工作压力或工作强度、正当权益得不到充分保障以及社保制度的不完善与不透明，而事业单位职工的抵制主要源于较大的工作强度及对工资福利待遇和权益保障情况较不满意。

第四，在家庭方面，家庭需要抚养和赡养的人数越多，职工就越反对延迟退休。这一结论似乎不太容易被理解，本来家庭养育负担越大，职工应当越希望延迟退休年龄，从而增加工作时间，提高收入水平，进而减轻养老育幼的经济负担。然而，结合前述章节进行的描述性分析的结论，我们发现其实多数职工对此并不认可，因为大部分职工对所从事工作的福利待遇并不十分满意（比例高达74.2%），而且感觉工作压力或工作强度很大或较大（比例为51.4%），加之家庭有多人需要照看或抚养，在这种情况下，职工往往会选择正常甚至提前退休而将时间留给家庭或退休后另谋更自由、待遇更高的职业。

第五，职工对所从事的工作或所处的工作岗位越不喜欢，对工作环境及工作的工资福利越不满意，感受的工作压力或工作强度越大，就越反对延迟退休。这四个相关关系比较容易理解。换言之，职工在进行退休决策时，如果对与工作相关的各个方面的满意度较高，则职工会更加倾向于延迟退休。

目前，延迟退休已进入方案制定阶段，然而，退休年龄如何延迟，从哪些群体开始试点，改革之前、之时、之后应辅以哪些配套措施等，都是需要研究的问题。本部分给出了真正影响职工退休决策的因素或者说是职工在进行退休选择时真正考虑的因素，这无疑也给当前的延迟退休方案及配套措施的制定提供了一个决策方向。

四　本章主要结论

本章研究职工延迟退休决策选择的影响因素，主要从基本养老保险制度本身、职工个体特质因素和工作特质因素三个方面进行模拟及实证分析，得出以下结论。

（1）在基本养老保险制度方面。首先，"中人"和"老人"因其拥有可视为福利性的视同缴费年限和过渡性养老金支付，因此具有较强的提前退休意愿，当前基本养老保险制度对这部分群体的提前退休行为具有诱致性；其次，在持续缴费的前提下，对于同一群体或某一个体，退休后养老金水平与退休年龄呈正相关关系，即越晚退休，领取的养老金就越多，养老金替代率也就越高；再次，养老金替代率与职工收入水平呈负相关关系，收入水平越高，则替代率就越低，所以单纯考虑基本养老金水平一个因素时，低收入群体较中高收入群体具有较强的退休意愿；最后，从数值上看，基本养老保险的替代率水平是比较低的，替代率最高的低收入群体也仅达到国际劳工组织颁布的《社会保障最低标准公约》中规定的最低养老金替代率水平[1]。

---

[1] 国际劳工组织颁布的《社会保障最低标准公约》规定，养老保险的最低养老金替代率水平为55%。

（2）在职工个体特质和工作特质方面。首先，职工的年龄、学历、职称、职业状态、劳动性质、收入水平、岗位类别和工作场所八个因素与延迟退休态度之间并不存在显著的相关性，也就是说，职工对延迟退休政策的态度差异和职工的年龄大小、学历高低、职称高低、职业状态、从事体力或脑力劳动、收入高低、所处领导或非领导岗位及工作场所差异是无关的；其次，职工所在经济区域、性别、婚姻状况、健康状况、家庭负担、退休准备与职工延迟退休态度存在显著的相关性，具体而言，经济发达区域的职工更加反对延迟退休，男性表现出比女性更容易接受延迟退休政策，有配偶的职工比无配偶的职工更加坚决反对延迟退休，健康状况越差者、家庭需抚养人口数越多者越不能接受延迟退休政策；再次，职工工作的单位类型与延迟退休态度是相关的，具体而言，各类企业职工、事业单位职工比政府机关职工、自由职业者和个体工商户更加反对延迟退休；最后，职工对工作或岗位的喜欢程度、对工作强度或压力的主观感受、对工作环境与工作待遇的满意度与职工延迟退休态度均存在显著的相关性，具体而言，职工对所从事的工作或所在的岗位越不喜欢、主观感受工作强度或压力越大、对工作的环境和待遇越不满意，对延迟退休政策就越抵制。

第九章　中国延迟退休改革的路径设计

一　男女职工同龄或差龄退休的政策选择

在进行延迟退休方案设计时，对于男性职工和女性职工采取同龄退休抑或差龄退休政策也是当前社会各界普遍关注的问题。中国现行退休年龄政策进行男女差龄退休的设置，规定男性职工60岁退休、女性职工50岁退休、女性干部55岁退休，虽然几十年来多次进行细节修订和补充说明，但总体上仍维持男女差龄退休的原则。国际上，各个国家对于男女退休年龄的设置并不一致，根据美国社会保障署编写的《全球社会保障 - 1999》一书中对全球165个国家的退休年龄制度的记录，实行男女同龄退休政策的国家有98个，占59.4%，实行男女差龄退休政策的国家有67个，占40.6%，总体上，实行男女同龄退休政策的国家要多于实行差龄退休政策的国家（潘锦棠，2003）。此外，在实行差龄退休政策的国家中，我们发现几乎在所有的国家，女性退休年龄都低于男性，即女性都早于男性退出工作领域。因此，目前，关于男女同龄或差龄退休的讨论或争议，主要体现在女权意识觉醒下基于男女公平的角度，其认为女低男高的差龄退休政策损害了女性职工的正当权益，具体可以归结为两个主要方面：一是有关男女差龄退休制度下养老权益的不平等；二是有关差龄退休制度下男女享有就业权的不平等。我们以这两个方面为研究对象，探究男女同龄和差龄退休的内在差异性，以期为中国延迟退休方案设计中关于女性退休年龄的设置提供一个政策依据。

（一）男女差龄退休制度下的养老权益

在男女差龄退休制度下，女性职工早于男性职工退出工作岗位，在男女初始工作年龄一致的情况下，早退休就意味着工作年限较短，退休前的工资水平也较低。关于退休后养老权益的差异，我们用两个指标来考察：一是养老金替代率，即职工退休后领取的养老金与退休前工资的比值，以反映老年人退休前后生活水平的变化，养老金替代率越高，老人就越能维持退休前的生活水平；二是养老金收益成本比，在这里，我们把它定义为职工在一生中领取的全部养老金在退休时的精算现值与在一生中所缴纳的养老保险费在退休时的积累值的比值，养老金收益成本比为 1 时，表明老人的养老金账户是平衡的，养老金收益成本比越大，表明老人养老金账户的净利益就越大。

1. 模型构建

为了对比男女差龄退休制度下养老权益的差异，我们需要构建养老金缴费积累值模型、养老金待遇模型和养老金精算现值模型。对于养老保险的缴费和待遇支付，我们延续前面章节的做法，进行年化处理。

（1）养老金缴费积累值模型

我们假设职工开始工作时便参加基本养老保险，则职工在退休时的缴费积累值即为职工从参加工作当年到退休前一年缴费的积累值。由于我们考察的是职工退休后养老权益的差异，因此，在模型构建过程中，我们不考虑职工在缴费期内的死亡率和断缴情况。基于此，职工在退休时的缴费积累值模型为：

$$RV = \theta w \left(1 + i\right)^{r-s_0} \cdot \sum_{k=0}^{r-s_0-1} \left(\frac{1 + g_1}{1 + i}\right)^k \tag{9-1}$$

其中，RV 表示职工在退休时的缴费积累值，θ 为缴费率，w 为职工刚参加工作时的工资水平，g_1 表示职工在整个工作期间的年均工资增长率，i 为职工参加工作后的剩余全部生命周期内的养老资金年均投资收益率，s_0 和 r 分别表示职工参加工作的年龄和退休年龄。

（2）养老金待遇模型

我们把"新人"作为研究对象，"新人"养老金包括基础养老金和个人账户养老金两个部分。这两个部分的养老金待遇模型与前述章节一致，则基础养老金待遇模型（R_1）和个人账户养老金待遇模型（R_2）分别为：

$$R_1 = \bar{W}(1+g_2)^{r-s_0} \cdot \left[1 + \frac{1}{r-s_0} \cdot \frac{w}{\bar{W}} \cdot \sum_{k=0}^{r-s_0-1} \left(\frac{1+g_1}{1+g_2}\right)^k \right] \times \frac{r-s_0}{2} \times 1\%$$

$$= 0.005\bar{W}(1+g_2)^{r-s_0} \cdot \left[(r-s_0) + \tau \cdot \sum_{k=0}^{r-s_0-1} \left(\frac{1+g_1}{1+g_2}\right)^k \right] \quad (9-2)$$

$$R_2 = \frac{\theta w (1+i)^{r-s_0}}{H} \cdot \sum_{k=0}^{r-s_0-1} \left(\frac{1+g_1}{1+i}\right)^k \quad (9-3)$$

其中，$\bar{W}$ 表示职工刚参加工作时的社会平均工资水平；g_2 表示职工社会平均工资的年均增长率；τ 为职工个人工资与社会平均工资的比值；H 为个人账户养老金的计发时限（进行了年化处理），它与退休年龄 r 对应。其余符号的含义与式（9-1）相同。

根据现行养老保险制度的相关规定，"新人"退休后所能领取的养老金总额（R）为基础养老金和个人账户养老金之和，即：

$$R = R_1 + R_2 \quad (9-4)$$

（3）养老金精算现值模型

养老金精算现值是在考虑职工退休后各年生存概率基础上，计算职工在退休后的剩余生命周期内每年领取的养老金的现值总和。在寿险精算学里，养老金即生命年金，其精算现值模型的构建与年金现值模型的构建原理是一致的，只是增加了生存概率或死亡概率因素。在这里，我们不考虑养老金数额每年进行调整的情况，即无论是基础养老金，还是个人账户养老金，随着时间的推移都保持不变。用 APV 表示"新人"的养老金精算现值，即：

$$APV = R \cdot \ddot{a}_r \cdot \sum_{k=0}^{\omega} \frac{{}_kp_r}{(1+i)^k} \qquad (9-5)$$

其中，$\ddot{a}_r$ 为生命年金在退休年龄（r）时的精算现值因子，即行为人从 r 岁开始，每年都支付 1 元直至死亡所形成的一系列单位现金流的现值总和，${}_kp_r$ 为生存概率函数，表示 r 岁的人能够生存到（$r+k$）岁的概率，ω 表示极限生命。

2. 数据的选取与条件设定

（1）缴费率

根据"2005 年规则"，企业缴费率为 20%，职工个人缴费率为 8%。由于企业缴费的部分是职工享有社会统筹养老金的保证，因此亦可视其为职工待遇的一部分，在测算退休时职工缴费积累总额时，我们把企业缴费也一并算进去，即基本养老保险的总缴费率为 28%。

（2）个人工资和社会平均工资

根据国家统计局公布的年度数据，2006 年，中国城镇单位在职职工的平均工资为 21001 元。由于社会平均工资是包括男性和女性在内的社会所有在职职工工资的平均值，根据李实、宋锦、刘小川（2011）基于对中国家庭收入调查（CHIP）中中国城镇住户调查数据的研究，可知 2007 年中国职工工资性别比为 0.74，即女性职工工资是男性职工工资的 74%，我们假设 2006 年职工工资性别比也是 0.74，由此我们结合 2006 年城镇单位男女职工人数比（1.63）[①]，便可以推断得出当年男性职工的平均工资为 23305 元，女性职工的平

---

① 根据《中国劳动统计年鉴2007》相关数据计算得到。

均工资为 17246 元。我们把这两个数据作为 2006 年男性和女性职工的起始个人工资。

（3）工资增长率

根据国家统计局公布的数据，中国职工的工资增长率大多高于 GDP 增长率，然而随着我国进入经济新常态阶段，职工工资的增长速度也会逐步放缓。因此，本书参照中国当前及未来预测的 GDP 增长率，将社会平均工资增长率、职工个人工资增长率均设置为 5%。

（4）参加工作的年龄与退休年龄

根据中国现行教育体制，完成小学、中学和大学教育约需 16 年，因此本书设定男女职工初始工作年龄均为 22 岁。根据现行退休年龄政策，本书设定男性职工退休年龄为 60 岁，女性职工退休年龄为 50 岁。

（5）投资收益率

本书假定职工工作期间缴费的积累利率和退休后养老基金的折现利率是相同的。我们选择人力资源和社会保障部发布的《中国社会保险发展年度报告 2014》中统计的 2009～2014 年城镇职工基本养老保险基金投资的平均收益率作为投资收益率，即 2.43%。

（6）个人账户养老金的计发年数

根据不同年龄对应的不同计发月数除以 12 得到。

（7）生存函数

构建生存函数必不可少的一个指标是每个年龄段的一年生存概率或死亡率，对于这一指标的提取及对极限生命的设定，我们采用"中国人寿保险业经验生命表（2000～2003）"确定。

3. 数值模拟及结果分析

（1）养老金替代率差异分析

根据上述条件设定，我们测算出在当前退休年龄政策及基本养老保险制度下，男性职工和女性普通职工退休后的养老金替代率水平。从表 9－1 中我们可以清楚地看到，男性职工的养老金替代率为

0.558，女性职工的养老金替代率为0.431（工资性别比为0.74时），虽然两者的养老金替代率都不高，但是女性职工的养老金替代率水平明显低于男性职工。由于替代率是用于衡量职工退休后养老金收入水平的相对指标，养老金替代率越接近1，则退休后就越能维持退休前的生活水平，因此相较于男性职工，女性职工退休后的生活水平下降的幅度将大于男性。在前述模型构建和测算过程中，我们很容易知晓造成男女职工养老金替代率出现差异的原因，即主要在于男女法定退休年龄的不同和男女职工工资水平的差异。根据现行退休年龄制度，女性普通职工早于男性普通职工10年退休，一方面，低龄退休的状态造成女性职工具有较短的基本养老保险缴费年限，从而影响女性职工的基础养老金水平和个人账户积累额度；另一方面，低龄退休延长了个人账户养老金的计发年限，从而影响个人账户养老金水平。此外，由于女性职工的工资仅为男性职工的74%，较低的收入水平影响个人账户积累额度和基础养老金的计发基数。

由于中国现行退休年龄政策规定，女干部的退休年龄为55岁，其比女性普通职工晚5年退休，从表9-1中我们亦可以看到，在工资性别比不变的情况下，女干部的养老金替代率为0.519（工资性别比为0.74时），比女性普通职工的养老金替代率有了明显的提高。可见，规定女性更早退休实质上是以损害女性养老金权益为代价的。

表9-1 男女职工的养老金替代率

性别	退休年龄（岁）	工资性别比	养老金替代率
男性	60	1	0.558
女性	50	0.74	0.431
	50	1	0.384
	55	0.74	0.519
	55	1	0.463

男女同工同酬是多年来为实现男女平等所追求的一个方向，然而从表9-1的测算结果中我们看到，当把女性的工资水平提高到和

男性对等时，女性职工的养老金替代率反而下降了，女性普通职工的养老金替代率从 0.431 降到 0.384，女干部的养老金替代率从 0.519 降到 0.463，造成这一结果主要源于基本养老保险制度带有部分社会共济性质，由收入水平提升引致的养老金水平的提高幅度与收入水平的提高幅度并不一致（女性职工退休前工资水平提高约 35%，而养老金水平仅提高约 21%）。

（2）养老金收益成本比分析

养老金收益成本比可以用来衡量职工在基本养老保险制度中的权益状况，通俗地讲，即职工参加基本养老保险划不划算。根据前述条件，我们可以测算男性职工和女性职工养老金收益成本比，对于职工缴费积累值，我们采用企业缴费和个人缴费之和。表 9 - 2 显示了在现行退休年龄政策和基本养老保险制度下，男性职工和女性职工的养老金收益成本比测算结果，从中我们可以看出，男性职工在现行退休年龄政策下（60 岁退休）的养老金收益成本比为 1.3554，大于 1，这说明基于现行退休年龄政策，男性职工在基本养老保险制度中的总收入是大于总支出的，表明当前的退休年龄政策和基本养老保险制度对于男性职工而言是有利的。再看女性普通职工，虽然在同等条件下工资水平仅为男性的 74%，但其在现行退休年龄政策下（50 岁退休）的养老金收益成本比为 1.7271，大于男性的相关数值，而且从数值上看，女性职工在现行基本养老保险制度中其实是有较大净收益的，因此从权益角度看，现行基本养老保险制度对于女性职工来说是"很划算"的。

表 9 - 2　男女职工的养老金收益成本比

性别	退休年龄（岁）	工资性别比	养老金收益成本比
男性	60	1	1.3554
女性	50	0.74	1.7271
	50	1	1.5384
	55	0.74	1.6879
	55	1	1.5072

另外，从表 9 - 2 中我们也可以看到，在不改变退休年龄的情况下，当把女性的工资水平提高到和男性一致时，女性的养老金收益成本比反而是下降的（退休年龄为 50 岁时，将工资性别比从 0.74 提高到 1，则养老金收益成本比从 1.7271 降至 1.5384；退休年龄为 55 岁时，将工资性别比从 0.74 提高到 1，则养老金收益成本比从 1.6879 降至 1.5072）。此外，我们保持女性工资水平不变，在提高退休年龄时，女性的养老金收益成本比也是下降的（工资性别比为 0.74 时，将退休年龄从 50 岁提高到 55 岁，则养老金收益成本比从 1.7271 降至 1.6879；工资性别比为 1 时，将退休年龄从 50 岁提高到 55 岁，则养老金收益成本比从 1.5384 降至 1.5072）。

综上所述，我们发现，对于女性职工来说，提高女性工资水平会导致女性职工的养老金替代率和养老金收益成本比双下降（其实男性职工也面临这一效应，这与基本养老金的计发机制有关）。此外，延迟女性职工的退休年龄，会提高女性职工的养老金替代率，降低女性职工的养老金收益成本比，进一步细致比较我们便会发现，将退休年龄延迟同样的幅度，女性职工的养老金替代率的上升幅度大于养老金收益成本比的下降幅度（比如，在工资性别比为 0.74 时，把女性职工退休年龄从 50 岁延迟至 55 岁，则养老金替代率的上升幅度达 20.4%，而养老金收益成本比的下降幅度仅为 2.3%），因此，我们认为，从养老金权益角度看，延迟退休年龄对于女性职工来说还是有利的。

在这里，我们讨论男女同龄或差龄退休问题，在当前延迟退休的既定方向下，实现男女同龄退休，女性职工的退休年龄必然会出现较大幅度的提高。从养老金权益角度看，这或许对于女性职工来说是有利的，一方面可以进一步改善女性职工退休后的生活水平；另一方面可以更充分地保障女性职工的就业权。

（二）关于就业权与休息权的博弈

如前所述，大幅提高女性职工的退休年龄可以充分保障女性职工的养老金权益，且对于长期以来低龄退休政策损害女性职工就业权的做法也是一种矫正。因此，多数专家学者呼吁提高女性退休年龄，实施男女同龄退休政策以捍卫女性职工的就业权（李珍，1997；丁娟，2004；杜承铭、戴激涛，2009），少数学者则认为对于此问题应客观地看待或尊重女性就业的自主选择权（潘锦棠，2002）。中国当前实行的女低男高退休年龄政策，在制定之初主要源于女性在体力、体质方面不如男性，加上女性一般还得承担较重的家务及家庭养育负担，因此让女性职工提前退休，或者先于男性职工退休也是出于保护女性的考量。然而，随着社会进步和发展，机械化和科技应用使工作越来越不依赖纯体力的付出，女性职工也能够胜任多数劳动密集型工作。另外，社会发展也导致家庭结构小型化和家庭功能社会化，女性逐步从繁重的家务劳动和家庭养育负担中解放出来。因此，越来越多的女性开始拒绝这种制度上的"保护"，提出在工作中与男性一样被平等对待及相关竞争诉求。近年来，全国"两会"上，有关延迟女性退休年龄、男女同龄退休的提案亦不少见，全国妇联也多次呼吁实施男女同龄退休政策。

那么，延迟女性退休年龄，实现男女同龄退休是不是广大女性职工共同的诉求呢？我们的调研得出了否定的答案。根据调研数据，我们发现，高达59.8%的职工反对男女同龄退休，其中，男性职工的反对比例为55.6%，女性职工的反对比例为66.1%；在女性职工中，女性普通职工反对男女同龄退休的比例为67.0%，而领导岗位的女性职工的反对比例为61.1%。虽然领导岗位的女性职工相对于女性普通职工更容易接受男女同龄退休，但是总体的反对比例仍然较高。

由于目前实行女低男高退休年龄政策，同龄退休就必然要求女性职工的退休年龄有较大幅度的提升。延迟女性退休年龄，虽然捍卫了女性的就业权，使女性在就业方面享有和男性更为平等的权利，但是延迟女性退休年龄侵犯女性职工的休息权。根据我们的调研，当前，大多数女性职工更为看重的是休息权，而非就业权。另外，在现阶段，工作仍然是一种谋生手段，人们为了生活和生存"不得已而为之"，对于大多数人来说，工作的目的远未上升到实现自我人生价值的境界。因此，工作虽然是宪法赋予的一项不可侵犯的权利，但根据大多数职工的认识，工作更是一种义务和负担，如果再加上当前在工作领域，有关工作环境、工作强度、工作压力，以及工作中的各项正当权益的保障等尚存在较多令人不悦之处，我们不难理解多数职工，尤其是女性职工偏好休息权，而非工作权，进而明白反对延迟退休和男女同龄退休的原因了。

（三）男女同龄或差龄退休的政策选择

在退休年龄制度改革中，如何设置女性退休年龄，是采取同龄退休政策，还是保持现有的差龄退休政策，在政策制定过程中不能一概而论，亦不能采用一刀切模式。潘锦棠（2002）指出，合理的退休年龄应体现"男女劳动效率的差距和政府、企业、个人三者利益的平衡"。这一观点实际上指明了当前男女退休年龄设置的路径，即在男女同龄或差龄退休问题上，鉴于不同的女性群体有不同的诉求，且职工个人的选择亦和企业利益紧密关联，因此，在制定政策时，应考虑给予企业和女性职工个人更多的自主选择权。

第一，男女同龄或差龄退休应允许企业视不同行业、不同岗位进行灵活设置。对于一些劳动力间替代性不强，且对职工体力、体质要求较高的行业或岗位，允许企业延续当前女低男高的退休年龄政策，企业可以通过劳动力的新旧交替保证总体劳动生产率稳定或提高；而对于一些看重技术和经验的行业或岗位，企业可以根据个人意愿提高女性职工的退休年龄，直至男女同龄退休。

第二，实行弹性退休制度，将退休选择权交予职工个人。对于女性职工，由于不同群体对于何时退休有着不同的诉求（事业正处于上升期且居领导岗位或高技术岗位的女性职工，或许会选择与男性相同的退休年龄；其他普通女性职工，则较容易接受女低男高的差龄退休政策），因此，实行弹性退休制度，允许设置一个退休年龄区间（比如，50～60岁），允许职工根据个人意愿选择不同的退休年龄，从而兼顾不同群体的不同诉求。

二　最优法定退休年龄的选择

在考虑延迟退休年龄时，除了基于公平或效率而考虑进行男女职工同龄或差龄退休设置之外，不同时期甚至不同行业的最优退休年龄是在渐进式延迟退休大框架下需要事先予以考虑的问题。对最优退休年龄的测算及设置实质上是国家、企业和个人三方利益博弈的结果。在国家层面，最优退休年龄的选择主要考虑确保养老和退休制度所带来的社会经济效益良性循环，尤其是养老基金的整体平衡及基本养老保险制度的可持续发展；在企业层面，最优退休年龄的选择是在国家政策框架下，综合考虑企业的经济效益，对新老人力资源常规更替进行最佳安排；在个人层面，最优退休年龄的选择是在综合考虑工作收入、工作环境、工作压力、家庭负担及个人休闲需求等方面的情况下，对劳动时间和闲暇时间的最佳分配。我们主要基于个人层面，从职工角度分析最优退休年龄的选择。

目前，理论界对最优退休年龄的研究相对较少，从方法来看，大多基于效用理论进行个人效用最大化研究（邓大松、王增文，2008；张文学、任彦霏，2012；李含伟、汪泓，2013；钟洲、蔡东汉、陈忠斌，2016），也有学者基于养老金待遇进行最大化研究（雷勇、蒲勇健，2004）。由于对个人最优退休年龄的测算涉及对劳动时间和闲暇时间的分配，而两者本身又是一对矛盾体，即通过劳动可以获取收入，从而满足个人对各方面的需求，增加效用量，劳动时间多了会挤占闲暇时间，进而缩减个人在闲暇时间获得的效用量。我们认为，研究个人最优退休年龄较科学的方法仍然是效用最大化方法。然而，从现有研究来看，无论是基于生命周期理论，还是世代交叠理论，抑或是其他理论所构建的个人效用模型都较为简单，要么将年收入（或工资率）设置为一个不变的数值，没有考虑工资率的增长情况，要么没有考虑个人对于收入和闲暇时间的偏好差异。基于此，我们试图对现有研究中通常所采用的个人效用最大化模型进行改进，引入个人工资的增长率、个人财富的收益率，以及个人对于收入和闲暇时间的偏好差异。

（一）模型的构建

在经济学中，通常用劳动—闲暇模型（Labor-Leisure Model）来研究劳动力供给。如果将人的一生分为两个时期——劳动时间和闲暇时间，并以退休为时间节点，则退休之前为劳动时间，退休之后为闲暇时间，人的一生的效用取决于工作所获得收入的多少和闲暇时间的长短。在闲暇时间不变的情况下，收入水平越高，个人效用就越高；在收入不变的情况下，闲暇时间越长，个人效用就越高。对于二者的关系，我们可以通过图9-1进一步考察，图9-1中显示了劳动—闲暇模型的约束线、效用无差异曲线和均衡点。其中纵轴为收入，横轴为劳动（或闲暇）时间，U_2、U_1 和 U_3 分别是三条效用依次递增的无差异曲线，曲线上的每一个点代表一个收入和闲暇时间组合，同一曲线上所有点的效用值都是一样的；线段 AB 为约束线，B 点代表个人如果将一生的时间都用于工作（即闲暇时间为0）将获得的收入值，A 点代表个人将一生的时间都用于休闲（即劳动时间为0），当然收入也为0；C 点为均衡点，即约束线和效用无差异曲线的相切点，这一点所决定的闲暇时间（h^*）即为在收入约束下个人效用最大化时的最优闲暇时间，当然，$T_t - h^*$ 即最优劳动时间。

在这里，收入是一个总量的概念，决定个人的年工资水平和一生的劳动时间。然而在上述分析中，工资率（年工资水平）实际上被假定为固定的值，因此，收入等于年工资水平与劳动时间的乘积。现在我们引入工资增长率，即设定历年工资水平是不相同的，且工资积累所形成的财富是依据一定的投资收益率产生的，用公式表示为：

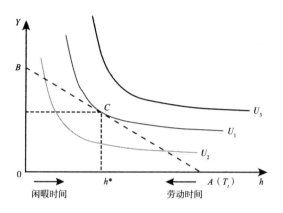

图 9 - 1　劳动—闲暇模型

$$y = \sum_{t=s_0}^{r} w_0 (1+g)^{t-s_0} (1+i)^{r-t} \qquad (9-6)$$

其中，我们不考虑劳动时间的死亡率，w_0 表示个人刚参加工作时的工资水平，g 为个人工资增长率，i 为个人财富的投资收益率，s_0 为个人参加工作的年龄，r 为个人的退休年龄。我们可以将 r 理解为个人一生中的劳动时间，假定个人寿命为 T，则个人一生的闲暇时间为 $h = T - r$，由于人的寿命有限，且为固定的外生变量，因此闲暇时间越长，劳动时间就越短，二者是一对此长彼短的矛盾体。

为计算最优退休年龄（$h = T - r$），我们需要先设定个人效用函数。为了更好地体现个人对劳动时间和闲暇时间的偏好差异，我们选择 Cobb-Douglas 效用函数，并取其对数形式，即：

$$u = u(y,h) = \alpha \ln y + \beta \ln(T-r) \qquad (9-7)$$

其中，$y = \sum_{t=s_0}^{r} w_0 (1+g)^{t-s_0} (1+i)^{r-t}$。

式（9-7）中，α 和 β 代表个人对劳动时间和闲暇时间的不同偏好，如果 $\alpha > \beta$，则表示在劳动时间和闲暇时间中，个人更偏好劳动时间，即工作能够让个人获得更多效用，也可理解为个人为了获取少量的工作收入，愿意放弃更多的闲暇时间；如果 $\alpha < \beta$，则表

示在劳动时间和闲暇时间中，个人更偏好闲暇时间，即闲暇时间能够让个人获得更多效用，或者个人为了获得少量闲暇时间，愿意放弃更多的工作收入。α 和 β 的不同取值体现了劳动时间和闲暇时间对个人效用影响的不同程度。

下面根据个人效用最大化理论，计算在式（9-7）取最大值时对应的 r 值。我们先对式（9-6）进行简化：

$$y = \sum_{t=s_0}^{r} w_0 (1+g)^{t-s_0} (1+i)^{r-t}$$
$$= w_0(1+i) \cdot \frac{(1+i)^{r-s_0} - (1+g)^{r-s_0}}{i-g}, (i \neq g, \text{且均不为} 0)$$

$$(9-8)$$

$$y = \sum_{t=s_0}^{r} w_0 (1+g)^{t-s_0} (1+i)^{r-t} = w_0 (1+i)^{r-s_0} \cdot (r-s_0), (i = g \neq 0)$$

$$(9-9)$$

由于 i 和 g 相同的情况仅仅在很巧合的情况下才会发生，因此这里我们不考虑此种情形。我们将式（9-8）代入式（9-7）中，并求其极值，得到：

$$\frac{(1+i)^{r-s_0}\ln(1+i) - (1+g)^{r-s_0}\ln(1+g)}{(1+i)^{r-s_0} - (1+g)^{r-s_0}} - \frac{\beta}{\alpha(T-r)} = 0$$

$$(9-10)$$

将 r 视为未知数，则由式（9-10）决定的 $r = f(i, g, s_0, T, \alpha, \beta)$ 即为个人效用最大化时的最优退休年龄。

（二）数值模拟与结果分析

由式（9-10）可知，个人最优退休年龄是由个人工资增长率、投资收益率、参加工作的年龄、平均寿命，以及个人对劳动时间和闲暇时间的偏好所决定的，对各因素的不同取值决定个人退休年龄的不同选择。对于个人而言，工资增长率、寿命在一定程度上不是自身能够决定的，由于投资收益率具有不确定性，尤其是短期波动性可能较大，因此，我们认为它不是个人能够决定的。据此，我们先考察参加工作的年龄和个人对劳动时间及闲暇时间的偏好这两个个人主观性较强的因素对最优退休年龄的影响。

1. 条件设定与数据选取

（1）工资增长率

收入水平是影响职工退休决策的一个重要因素，我们以 GDP 增长率为参考指标，考虑经济进入新常态后 GDP 增长趋势可能会放缓，因此我们将工资增长率设置为 5%。

（2）投资收益率

鉴于目前中国家庭资金大部分留存于银行存款或中短期理财产品中，因此我们以一年期银行保守型理财产品的投资收益率为参考，将投资收益率设置为 3%。

（3）个人寿命

我们采用平均寿命指标。根据第六次全国人口普查数据，中国人口平均寿命为 74.83 岁，其中，男性为 72.38 岁，女性为 77.37 岁。这里我们不区分男女，选取全国平均水平。

（4）参加工作的年龄

根据不同的学历层次，我们将高中及中专毕业参加工作的年龄设定为 18 岁，大专和本科毕业后参加工作的年龄设定为 22 岁，硕士和博士研究生毕业后参加工作的年龄分别设置为 25 岁和 28 岁。

（5）工作和闲暇偏好

我们设定 $\alpha + \beta = 1$（α 表示个人的工作偏好因子，β 表示个人的闲暇偏好因子），由于目前工作环境、工作强度，以及工作过程中职工享有的相关权益保障等都存在诸多不尽如人意之处，工作对于多数人而言仍然是"不得已而为之"，因此，在工作和闲暇的主观偏好上，现阶段，多数人仍然是偏好闲暇的。另外，如果工资增长率较高，临退休前的工资水平较高，就会改变工作和闲暇偏好。因此，我们给 α 和 β 取不同的数值，以考察偏好的变动对最优退休年龄的影响。

2. 结果与分析

表 9 - 3 为根据上述设定进行测算的不同工作偏好因子下的最优退休年龄，从中我们可以看出，随着个人的工作偏好因子提升，最优退休年龄明显升高，比如，当个人的工作偏好因子 α = 0.4，小于个人的闲暇偏好因子（β = 0.6）时，表明个人更加偏好闲暇，此时对于参加工作年龄为 22 岁的职工来说，最优退休年龄为 53.9 岁；在各种因素综合影响下，其对工作的偏好上升（α = 0.6，β = 0.4）时，对于参加工作的年龄为 22 岁的职工来说，最优退休年龄上升到 64.4 岁，上升幅度超过 10 岁。另外，在工作和闲暇偏好不变的情况下，参加工作时间越晚，最优退休年龄越大，但是变化的幅度较小，并且对工作越是偏爱，最优退休年龄的变化幅度就越小。这一趋势容易被理解：对于工作越是偏好的人，一生中用于工作的时间就越长，则最优退休年龄就越接近平均寿命水平，这与其参加工作时的年龄的关联度就很小了，因为即便因参加工作时间较晚而想多工作些许时间，然因临近寿命上限而不可能为之。

表 9 - 3   不同工作偏好因子下的最优退休年龄

单位：岁

		最优退休年龄			
		18 岁	22 岁	25 岁	28 岁
个人的工作偏好因子（α）	0.4	53.0	53.9	54.5	55.3
	0.5	59.4	59.8	60.3	60.7
	0.6	64.1	64.4	64.7	64.9
	0.7	67.8	68.0	68.1	68.3
	0.8	70.6	70.7	70.8	70.9
	0.9	72.9	73.0	73.0	73.1

最优退休年龄受到多方面因素的影响，其中寿命就是一个十分重要的影响因素。个人的寿命越长，可用于工作和闲暇的时间就越多，因此，在工作和闲暇偏好等条件不变的情况下，最优退休年龄势必升高。这一点我们从表 9-4 中的测算结果中便可知晓，以参加工作的年龄为 22 岁者为例，对于偏好闲暇的人（$\alpha = 0.4$，$\beta = 0.6$）来说，当平均寿命为 74.83 岁时，最优退休年龄为 53.9 岁，当平均寿命上升到 78 岁，则最优退休年龄上升到 56.4 岁；当平均寿命上升到 82 岁和 85 岁时，最优退休年龄分别上升到 59.7 岁和 62.1 岁。对于偏好工作的人（$\alpha = 0.6$，$\beta = 0.4$），最优退休年龄的变化趋势也是随着平均寿命的上升而上升的，并且对工作越是偏好，最优退休年龄越大（见表 9-4）。

表 9-4　不同平均寿命下的最优退休年龄

单位：岁

	最优退休年龄			
	74.83 岁	78 岁	82 岁	85 岁
$\alpha = 0.4$，$\beta = 0.6$	53.9	56.4	59.7	62.1
$\alpha = 0.6$，$\beta = 0.4$	64.4	64.7	71.1	73.9

另外，我们知道，收入水平提高会提升个人的效用水平，体现在劳动—闲暇模型中，收入水平越高，人们越愿意减少闲暇时间而花更多的时间在工作上，从而获得更高效用。我们选择参加工作的年龄为 22 岁、平均寿命为 74.83 岁的人，工作和闲暇偏好分为 $\alpha = 0.4$，$\beta = 0.6$ 和 $\alpha = 0.6$，$\beta = 0.4$ 两种情况，利用式（9-10）对不同工资增长率下的最优退休年龄进行测算。表 9-5 中的数据说明，随着工资增长率升高，最优退休年龄也在升高，以工作和闲暇偏好 $\alpha = 0.4$，$\beta = 0.6$ 为例，当工资增长率为 4% 时，最优退休年龄为 52.6 岁；当工资增长率上升到 9% 时，最优退休年龄上升到 58.9 岁。当工作和闲暇偏好为 $\alpha = 0.6$，$\beta = 0.4$ 时，最优退休年龄由 4%

工资增长率时的 63.5 岁上升为 9% 工资增长率时的 67.5 岁。形成这一规律的原因也容易理解，工资增长率越高，工资上涨速度就越快，无论是临近退休时的工资水平，还是退休时工资的积累水平都会越高，在效用不变或提高的情况下，个人将更多时间用于工作，适当牺牲闲暇时间也是很自然的事情。

表 9 - 5　不同工资增长率下的最优退休年龄

单位：岁

工资增长率	最优退休年龄	
	$\alpha = 0.4$, $\beta = 0.6$	$\alpha = 0.6$, $\beta = 0.4$
4%	52.6	63.5
5%	53.9	64.4
6%	55.2	65.3
7%	56.5	66.1
8%	57.7	66.8
9%	58.9	67.5

（三）法定退休年龄的设定

我们已经基于 Cobb-Douglas 效用函数研究了职工对最优退休年龄的选择，结论表明，最优退休年龄受个人财富积累利率、工资增长率、平均寿命，以及个人对工作和闲暇的偏好四个指标的影响较大。其中，工资增长率越高，职工最优退休年龄就越高；平均寿命越长，最优退休年龄就越高；个人对工作越是偏好，当其他条件一定时，最优退休年龄就越高。

目前，延迟退休正处于方案制定阶段，渐进式延迟退休已是必然选择，那么小步渐进幅度应该是多大，终点如何设定，即法定退休年龄应延迟至多少岁，都是改革面临的关键问题。如前所述，法定退休年龄的确定是国家、企业和个人三者利益博弈的结果，在具体政策制定时，应在国家的经济、社会等宏观政策导向框架下，在保证企业经济效益稳定增长的前提下，能够实现个人主观效用最大化。从这一角度看，本书的研究结论具有十分重要的现实意义。我们回到职工最优退休年龄的测算模型，如果以当前的经济、社会及工作条件测算，那么我们可以测算出目前的最优退休年龄为 60.1 岁[①]，这与当前法定退休年龄基本一致，表明我们的方法是适宜的。现在我们考虑三个时间点，即 2030 年、2040 年和 2050 年，假定中国延迟退休改革到这几个时间点基本完成，我们测算届时的法定退休年龄。同样，我们需要对个人财富积累利率、工资增长率、平均寿命，以及工作和闲暇偏好进行设定。

（1）个人财富积累利率

随着中国经济稳定发展，金融及投资市场日益成熟，人们的投资理财行为日益理性，因此，我们以一年期平衡型理财产品的平均收益率为参照，将个人财富积累利率设定为 4.5%。

（2）工资增长率

随着中国经济进入新常态，无论是 GDP 增长率，还是城镇职工工资增长率，要继续保持近十年来的高水平都具有相当大的难度，因此，我们设定工资增长率为 5%。

（3）平均寿命

根据历次全国人口普查数据及抽样调查数据，1981 年、1990 年、2000 年和 2010 年，中国人口平均寿命分别为 67.77 岁、68.55 岁、71.40 岁和 74.83 岁，每隔十年人口平均寿命分别增长 0.78 岁、2.85 岁和 3.43 岁。可见，随着人们生活水平和医疗水平的提高，人

---

① 在测算中，各变量数据选取标准如下：参加工作年龄取最低，为 18 岁；工资增长率取近十年平均水平，为 10.3%；由于国内金融投资环境的不稳定和复杂性，养老金积累利率仍取保守型的 3%；平均寿命为 74.83 岁；由于现阶段工作条件、工作福利和工作权益等影响人们工作的积极性等因素，大部分职工对此并不十分满意，不那么"热衷"于工作，然而囿于我国目前仍然偏低的收入水平和较高的生活压力，人们又不得不继续工作，因此将工作偏好系数 α 取 0.4。

们的寿命水平上升。我们假定未来寿命保持这一增长趋势，但增速相对平稳，维持每隔十年上升 3 岁，即将 2030 年、2040 年和 2050 年的平均寿命（取整）分别设定为 81 岁、84 岁和 87 岁。这样的寿命设置其实已经较为保守，因为即使最高的 87 岁（2050 年）也只是目前发达国家和地区的平均寿命水平。

（4）工作和闲暇偏好

近年来，在国家相关部门的推动下及劳动力流动屏障逐步破除的背景下，为了留住或吸引优秀员工，职工工作环境不断改善，工作强度和压力不断调整，工作福利和各项权益逐步得到保障。假设未来这些人性化调整和变革进一步得到发展和落实，未来，人们对工作必将不再如以前那般"厌恶"或"不得已"，因此，对工作的偏好将逐步提高。2030 年的个人的工作偏好因子 $\alpha = 0.5$，2040 年和 2050 年的个人的工作偏好因子 $\alpha = 0.6$。

基于上述设定，我们测算 2030 年、2040 年和 2050 年职工个人主观最优退休年龄。由于法定退休年龄适用于所有正常在职职工，无论参加工作年龄如何，都必须在达到法定退休年龄时按时退休，因此，在测算中，我们选取参加工作的年龄为最低的 18 岁[①]。测算结果如表 9-6 所示。2030 年、2040 年和 2050 年职工个人主观最优退休年龄分别为 66.1 岁、73.7 岁和 76.5 岁。

表 9-6　2030 年、2040 年和 2050 年职工个人主观最优退休年龄

单位：岁

	2030 年	2040 年	2050 年
预期寿命	81	84	87
最优退休年龄	66.1	73.7	76.5

---

① 其实参加工作年龄对测算结果影响不大，因为前述测算结论已经表明参加工作年龄对职工个人主观最优退休年龄的选择的影响是很小的。

　　上述测算基于个人效用最大化，其中隐含一个条件——所有职工都是理性的，都会基于个人效用最大化选择适合自己的退休年龄。目前，中国法定退休年龄如下：男工人为 60 岁、女工人为 50 岁、女干部为 55 岁。这与我们测算的职工个人主观最优退休年龄相差甚远。因此，中国延迟退休改革在法定退休年龄的设置上还存在较大的可操作空间。当然，在这里，我们认为职工个人主观最优退休年龄也是其愿意退休的最高年龄。当退休年龄超过最优退休年龄时，个人的效用便会由于闲暇时间的减少而下降，而基于收入的增加所获得的效用增量又不足以进行弥补；当退休年龄低于最优退休年龄时，个人还是可以接受的，因为这样减少了工作时间而获得更长的闲暇时间，个人的自由空间变得更大，效用的减少可以从其他方面获得补偿，比如，陪伴亲人等。

三　延迟退休改革的渐进方案及配套措施

（一）渐进式延迟退休的政策内涵

　　对于延迟退休的方式，在确定法定退休年龄的前提下，有两个途径可以达到目标：其一，一次性将法定退休年龄推迟到目标年龄，比如，将当前法定退休年龄由 60 岁直接推迟到 65 岁等，这种改革方式属于"硬着陆"，优势是效果立竿见影，可以在短时间内达到目的，而缺点也是明显的，"硬着陆"势必严重挫伤劳动者的积极性，影响企业经营效益，甚至导致经济增速下滑，引发大量社会问题；其二，采用小步渐进方式，循序渐进地将法定退休年龄延迟到目标年龄，这种改革方式属于"软着陆"，优势是对社会、经济各方面的负面冲击较小，人们较容易接受，政策改革过程中的阻力也不会太大，缺点是改革耗时较长，政策效果只能在长时间后显现，甚至改革的进程有可能赶不上人口老龄化形势的变化。

　　当前，从国际上看，各国对法定退休年龄的改革大多采取"软着陆"的方式，以较长的改革及过渡时间来减少对社会经济的冲击。党的十八届三中全会通过的《中共中央关于全面深化改革若干重大问题的决定》，明确提出了"研究制定渐进式延迟退休年龄政策"，2015年11月，党的十八届五中全会亦将"实施渐进式延迟退休年龄政策"作为"十三五"建设目标，这是党中央从顶层设计高度明确了延迟退休改革的路径选择和方向。

从内涵上看，"渐进式延迟退休"首先是小步渐进，即每年或几年延长若干个月，正如人力资源和社会保障部部长尹蔚民在十二届全国人大三次会议记者会上提出的"小步徐趋、渐进到位"。目前，渐进式延迟退休具体方案尚未出台，而理论界和实务界已有多套建议方案，有些业已提交至人社部，比如清华大学提出的"延迟领取养老金方案"和中国社会科学院提出的"两步走方案"是较具代表性的方案。从本质上看，无论是哪套方案，有两个问题是无法回避的：一是渐进调整期的起止时间设置；二是小步渐进的步幅设定。这两者是相辅相成的，同时也与法定退休年龄的最终调整目标相关联。

除了小步渐进以外，延迟退休的渐进内涵至少还应包括三个方面：第一，退休年龄调整应该同时辅以相关配套改革，这是延迟退休改革得以顺利进行的保证；第二，退休年龄调整应允许存在行业差异、群体差异或工种差异，即延迟退休改革应考虑不同行业、不同群体或不同工种之间的差异，比如，在设置女性退休年龄时应考虑到即便在多数女性职工仍然反对延迟退休的情况下，仍有部分女性职工更加看重就业权而期望并支持延迟退休；第三，在延迟退休改革"渐进到位"的过程中，应充分考虑职工的自主选择权，以满足不同行业、不同群体、不同工种职工的差异化诉求。

（二）渐进式延迟退休的方案设计

1. 渐进式延迟退休方案的设计依据

延迟退休的方案设计要确定小步渐进的步幅及各阶段的主要

任务。如前所述，法定退休年龄的设置是国家、企业和个人三者利益或诉求趋于一致的结果，由于中国延迟退休政策调整是基于国家顶层设计自上而下进行的，因此在延迟退休改革过程中，国家意志和诉求是居于主体地位的。渐进式延迟退休的具体路径必定立足于中国社会经济发展与人口老龄化趋势。在国家政策思路及改革原则的指导下，应权衡延迟退休政策实施后可能产生的社会经济影响，在充分考虑企业和职工的正常诉求和愿望后做出科学决策。

（1）方案设计应充分考虑渐进期的时间效率

渐进期的时间效率主要源于人口老龄化速度加快时，原先制订的渐进式延迟退休计划无法赶上现实的变化而不得不重新进行调整，缩短延迟退休的渐进期，提前明确目标法定退休年龄。比如，大部分 OECD 成员在 2010 年之前就已经制订了至 2050 年的延迟退休计划[1]，但是由于近几年人口老龄化发展加速，社会保障压力剧增，各国不得不重新调整延迟退休计划，缩短渐进期，如英国将原先计划到 2050 年才实现的 68 岁法定退休年龄提前至 2030 年，而在 50 年内将法定退休年龄延迟至 70 岁[2]。中国延迟退休改革应充分借鉴国际经验，在退休年龄渐进调整期的设置上应充分考虑时间效率，要结合人口老龄化速度和基本养老保险制度破产边界随退休年龄延迟后的动态变化。根据第四章有关基本养老保险制度破产边界及延迟退休影响的测算，在只考虑 2006 ～ 2020 年的财政补助资金[3]注入并严格进行"统账分离"管理的情况下，中国城镇职工基本养老保险制度在从 2021 年起无外界资金注入时的破产边界会在不远的 2033 年出现。因此，如果在 2033

---

[1] 参见 OECD, *Pensions at a Glance 2011*, pp. 25 – 26。

[2] 资料来源：《英国将逐年提高退休年龄 未来 50 年或增至 70 岁》，人民网，http://world. people. com. cn/n/2014/1008/c1002 – 25786776. html。

[3] 2017～2020 年的财政补助资金为测算数据。

年以前无法完成延迟退休改革的全部任务，那么改革就应分阶段进行，而且在单纯考虑制度自身对养老保障压力消化能力①的情况下，在2033年以前就必须完成第一阶段的改革任务（比如，延迟部分群体的退休年龄），从而把制度破产边界向后推移，之后再进行下一阶段的改革。

（2）方案设计无须顾虑对青年人就业的影响

是否会对青年人就业产生不利影响一直是延迟退休改革最大的政策顾虑。根据我们对于延迟退休与青年人就业关系的研究，其实这个顾虑是大可不必的，因为在我们所研究的19个行业大类中，10个行业的青年人就业与延迟退休没有显著关系，而在余下的9个行业中，有7个行业的延迟退休反而可以促进青年人就业，在剩余的两个具有负面影响的行业中，延迟退休对青年人就业的消极作用相对较小。因此，我们可以说，在行业层面上，延迟退休对青年人就业不存在挤出效应，在进行延迟退休方案设计时可以不用考虑不同行业青年人的就业问题及差异。

（3）方案设计应充分考虑和尊重职工的自主选择权

给予职工一定的退休自主选择权是目前各个国家和地区在退休制度安排上普遍坚持的一项原则，这也是制度安排人性化的体现。在课题组的调查中，近五成的职工对拥有退休自主选择权的弹性退休年龄制度表示认可和支持，仅有三成职工明确表示反对，而对于"工作一定年限允许退休"的做法表示支持的职工比例更是在八成以上。可见，无论国内还是国外，在退休制度设计中考虑和尊重职工的自主选择权都是一个趋势，而且这也是解决当前社会各界及女性职工内部都没有达成一致意见的男女同龄或差龄退休问题的最佳方法。

---

① 外界资金注入规模是不确定的，而且财政资金也不可能进行无限量补助，因此延迟退休改革的渐进期应以无外界资金注入进行考虑，若只考虑制度自身消化能力进行基础设计，则可以在改革过程中留下进一步微调政策的空间。

（4）延迟退休的渐进步幅应结合各阶段的最优退休年龄确定

不同时期职工的最优（最高）退休年龄是确定渐进式延迟退休改革步幅和目标法定退休年龄的重要依据。我们从职工角度进行测算发现，2030 年、2040 年和 2050 年的最优退休年龄分别为 66.1 岁、73.7 岁和 76.5 岁。这个结论包含两个政策含义：其一，只要法定退休年龄设置低于上述水平，对职工来说都是可以接受的；其二，在这几个时间点，职工的最优退休年龄远高于当前的法定退休年龄，说明延迟退休改革在年龄上的可操作空间是比较大的。这两个政策含义实际上向延迟退休改革的渐进步幅设计和目标法定退休年龄设置提供了依据。

2. 渐进式延迟退休的方案设计

根据前述中国渐进式延迟退休方案的设计理念和依据，我们的目标是设计一个渐进的、与工作年限相关联、与激励和惩罚机制相容的弹性退休年龄制度。由于城镇职工基本养老保险制度依靠各级财政补贴和统账"混账管理"才勉强维持至今，未来制度仍面临极其严峻的支付压力，因此，在国家、企业和个人三者利益博弈的过程中，国家的决策应在把握和控制整个宏观改革进程的同时，兼顾企业和个人的诉求。对于个人而言，只要法定退休年龄的设置不超过最优退休年龄，个人诉求就将得到满足。在企业层面，由于企业主要考虑实现经济效益最大化，因此可以在法定退休年龄设置基本原则下给予企业一定的灵活空间，比如，对于某些行业或工种，允许企业申请设置更低的退休年龄，以促进新旧劳动力替换和劳动效率提高。

（1）延迟退休改革的渐进路径

由于目前中国延迟退休方案仍未出台，可以预见，方案从酝酿、出台到实施必然经过数次意见征询和修订，因此我们将延迟退休改革的起始时间设定为 2021 年，即 2021 年启动退休年龄延迟渐进式调整（把 2018～2020 年作为延迟退休方案出台、意见征询和修订时间，此时也可进行相关的配套制度改革）。对于退休年龄渐进式延迟调整期的终点设置，我们借鉴国际经验设置为 2050年。接下来，我们需要设置最终目标法定退休年龄和退休年龄的渐进式延迟步幅，并对渐进式改革的阶段进行划分。首先，有关最终目标法定退休年龄的设置，由于职工个人主观最优退休年龄在 2050 年为 76.5 岁，我们将其作为目标法定退休年龄符合职工的诉求，然而我们考察人口老龄化程度远高于中国的多数 OECD成员规划至 2050 年的目标法定退休年龄发现，无一超过 70 岁，同时鉴于第四章测算结果中当退休年龄超过 65 岁时反而会拉近基本养老保险制度的破产边界，因此我们将 2050 年的男女目标法定退休年龄统一设置为 65 岁。其次，对于渐进式改革的阶段划分和渐进式延迟步幅的确定，我们以 2030 年（必须在 2033 年以前）为时间节点将整个渐进改革期分为两个阶段。第一阶段为 2021～2030 年，这一阶段的任务有两个，其一是进行退休年龄政策调整的相关配套改革，即准备工作；其二是打破女性职工在法定退休年龄上的身份差异设置。从 2021 年起，女工人的退休年龄每年延长 6 个月，至 2030 年将女工人和女干部的退休年龄统一为 55 岁。第二阶段为 2031～2050 年，这一阶段要求男女职工的法定退休年龄分别从 60 岁和 55 岁延迟至统一的 65 岁，具体做法是从 2031 年开始，男性职工的退休年龄每年延长 3 个月，女性职工的退休年龄每年延长 6 个月，至 2050 年统一达到 65 岁。表 9 - 7 显示的是从 2021 年起每一年的目标法定退休年龄，这也是我们设计的中国延迟退休改革的渐进路径规划。从中很容易看出，这样的渐进式延迟步幅设置，使整个渐进期内每个阶段职工的法定退休年龄都小于个人的主观最优退休年龄，而且每一次退休年龄的延迟都将基本养老保险制度的破产边界往后推延一点，从而保证了制度的可持续性。

表 9 - 7　延迟退休改革的渐进路径规划

年份	男性退休年龄	女性退休年龄	年份	男性退休年龄	女性退休年龄
2021	60 岁	50 岁 + 6 个月	2036	61 岁 + 6 个月	58 岁
2022	60 岁	51 岁	2037	61 岁 + 9 个月	58 岁 + 6 个月
2023	60 岁	51 岁 + 6 个月	2038	62 岁	59 岁
2024	60 岁	52 岁	2039	62 岁 + 3 个月	59 岁 + 6 个月
2025	60 岁	52 岁 + 6 个月	2040	62 岁 + 6 个月	60 岁
2026	60 岁	53 岁	2041	62 岁 + 9 个月	60 岁 + 6 个月
2027	60 岁	53 岁 + 6 个月	2042	63 岁	61 岁
2028	60 岁	54 岁	2043	63 岁 + 3 个月	61 岁 + 6 个月
2029	60 岁	54 岁 + 6 个月	2044	63 岁 + 6 个月	62 岁
2030	60 岁	55 岁	2045	63 岁 + 9 个月	62 岁 + 6 个月
2031	60 岁 + 3 个月	55 岁 + 6 个月	2046	64 岁	63 岁
2032	60 岁 + 6 个月	56 岁	2047	64 岁 + 3 个月	63 岁 + 6 个月
2033	60 岁 + 9 个月	56 岁 + 6 个月	2048	64 岁 + 6 个月	64 岁
2034	61 岁	57 岁	2049	64 岁 + 9 个月	64 岁 + 6 个月
2035	61 岁 + 3 个月	57 岁 + 6 个月	2050	65 岁	65 岁

（2）弹性机制设计

弹性机制设计主要体现在两个方面：第一，弹性退休年龄，即职工可在一个年龄区间内自由选择退休年龄，根据世界各国和各地区的做法，一般是在法定退休年龄以下设置一个最低退休年龄，从而构成一个退休年龄的弹性区间；第二，弹性退休待遇，即在法定退休年龄退休可以领取全额退休金，低于法定退休年龄且高于最低退休年龄退休时领取按照一定比例扣减的养老金，而高于法定退休年龄退休时则给予一定比例的养老金奖励。

首先，弹性年龄区间的设置。为了便于操作，可以在各年法定退休年龄水平上直接减 5 岁作为弹性退休年龄区间的下限，这也是职工的最低退休年龄，比如，在 2040 年时，男女法定退休年龄分别增至 62.5 岁和 60 岁，则男性的弹性退休年龄区间为

57.5～62.5 岁，女性为 55～60 岁。在弹性退休年龄区间内，职工可以自主选择退休年龄，当然在达到法定退休年龄后也可以选择继续工作。所不同的是，在不同年龄退休，职工领取的是差异化的退休金。

其次，弹性退休待遇的设置。这是一个技术性较高的工作，因为退休年龄每提前一年扣减相应比例养老金，以及退休年龄每延迟一年奖励一定比例养老金，都是为进行弹性机制设计而服务的，即无论是扣减比例，还是奖励比例，都应适中，而且要能够达到抑制提前退休、鼓励延迟退休的目标，必要时还需不定时地进行调整。对弹性退休待遇的设置在国际上有较多可借鉴的经验，比如，日本的弹性退休年龄的上下限之差是 5 岁，设置的扣减比例为一年 6%，奖励比例为一年 8.4%[1]。

最后，工作年限要求的设置。中国现行退休制度中对工作年限的要求是连续工龄满十年，这一工龄要求是比较低的，尤其在连续工龄计算标准放松以后，其仍保持这一水平，而且退休年龄的延迟客观上对工龄的要求应该提高。作为对弹性退休机制的另一种设计，我们摒弃连续工龄这一指标而使用工作年限指标，并参照目前对公务员实施的工作年限满 30 年可以申请提前退休的规定[2]，设置职工工作年限满 30 年且年龄达到最低法定退休年龄的可以申请提前退休，而工作年限满 40 年的可以直接申请退休（当然，这两个年限要求也应随着法定退休年龄的逐步延迟而调整）。此外，为了鼓励职工工作至法定退休年龄，在 30 年工作年限以上可以设置几档养老金标准，比如工作 40 年及以上可以领取全额养老金，工作 35～39 年领取 90%，工作 30～34 年领取 80%。

---

[1] *Pensions at a Glance 2015：OECD and G20 Indicators*（Paris：OECD Publishing，2015），http：//dx. doi. org/10. 1787/pension_ glance – 2015 – en。

[2] 参见《中华人民共和国公务员法》，中华人民共和国中央人民政府网，http：//www. gov. cn/flfg/2005 – 06/21/content_ 8249. htm。

（三）渐进式延迟退休年龄的政策配套改革

目前，多数职工对延迟退休政策仍持反对态度，因此改革能否顺利进行在很大程度上取决于相关配套措施能否切实推进实施，以及部分影响职工工作积极性的制度性问题能否得到彻底解决。这些配套改革有的在第一阶段就应完成，而有的则需要贯穿整个改革周期。

1. 严格落实退休政策，杜绝不规范退休现象

在现行退休年龄政策中，对于部分行业、岗位或处于特殊状态（如身体疾病等）的劳动者规定了早于法定退休年龄的退休年龄，而对于部分经验丰富、专业技术水平较高或具有较高职级的劳动者则规定允许其延迟退休，这些例外规定主要是基于保护劳动者或人力资源充分利用的考虑而设置的，除此以外，所有政策外的提前退休或延迟退休都是不规范的。目前存在的不规范退休现象既有提前退休行为，也有延迟退休行为，其中不规范提前退休行为尤为严重。许多提前退休人员（如内退）持续拿着工资而不工作，或者一边拿着原岗位工资或退休金，另一边继续从事其他有收入的工作。这些不规范退休行为违反了劳动公平原则，其示范效应将对社会劳动积极性产生极大的负面影响。所以，在实施延迟退休政策之前，对于不规范退休行为应予以杜绝，应严格落实现行退休政策，树立法律制度与规范的权威性。

2. 提高职工收入水平，拓宽个人财富积累途径

虽然第二章和第八章的研究均表明职工收入水平与延迟退休态度之间并无相关关系，但是从对职工个人主观最优退休年龄的测算结果中，我们发现，收入水平的提高可以抑制职工提前退休的冲动，并且收入水平越高，职工的个人主观最优退休年龄越高。因此，在

延迟退休改革过程中，可以通过提高职工收入水平，以高收入诱导职工自愿延迟退休年龄，从而减少政策调整及改革的阻力。然而，收入水平也应有一个限度，根据劳动经济学中的劳动—闲暇理论，当收入水平较高时，继续提高收入水平，反而会降低人们的劳动需求，刺激闲暇欲望，不利于延迟退休政策实施。个人财富积累对职工退休年龄选择的影响类似于收入，当个人财富增长较快（投资收益率较高）时，人们倾向于延迟退休年龄来增加劳动时间，减少闲暇时间，从而获得更大规模的个人财富，因此，拓宽个人财富积累途径，在延迟退休改革的准备阶段，甚至在整个改革过渡期都是至关重要的。

3. 改善职工工作条件，落实职工各项正当权益

职工对工作条件、工作环境的满意度，以及对工作强度和工作压力的主观感受对于职工的工作态度的影响是很大的。延迟退休相当于职工牺牲了闲暇时间，延长了劳动时间，对于偏好工作的人而言，这恰好符合其诉求，而对于偏好闲暇或"厌恶"工作的人而言，延迟退休与其诉求背道而驰，因此其必然会有较强的抵触情绪。这一点从我们调研的数据中也可以反映出来，在所有反对延迟退休的调查对象中，60.1%对工作环境或工作条件并不满意或感觉一般，55.4%感觉工作强度或工作压力很大或较大，而且在支持延迟退休的条件选择中，64.2%反对延迟退休的调查对象表示在对工作环境比较满意时、工作过程中职工可以享有的各项正当权益（比如，带薪休假）能够得到充分保障、工作的福利待遇也较好的情况下将比较支持延迟退休政策。我们用劳动—闲暇理论也可以进一步解释这一现象，当职工对工作环境或工作条件比较满意时，工作过程中所能享有的各种福利待遇和权益能够切实落实到位，那么工作对于职工来说就不会是"厌恶"或"迫不得已为之"的，职工在工作过程中能够感受到价值和乐趣，这样职工的偏好就会从"闲暇"逐步转

移到"工作"上来，这是非常重要的，从前述的研究中我们已经看到，即便职工对工作偏好微小提高，个人主观最优退休年龄也会大幅上升。

4. 细化社会分工，推动家政服务社会化

随着社会经济发展，社会分工日益细化，尤其在家政等社会服务领域，新兴职业层出不穷，诸多原本属于家庭劳务的工作逐渐社会化，甚至产业化。这些变化一方面弱化了家庭功能；另一方面也将家庭成员从繁杂的家务劳动中解放出来，尤其是女性。这对延迟退休的推动具有十分重要的意义，尤其对于延迟女性职工的退休年龄，在现阶段，女性仍然要承担较多的家庭事务，包括家务劳动、照看老人、抚育小孩等，许多临近退休的女性职工还需要照看第三代子女和高龄父母。所以，社会分工的细化、家政行业和其他社会服务业的完善将许多原本由家庭女性负担的家庭事务推向社会，这些事务可以通过劳务购买的形式来完成，从而将女性职工被占用的工作时间释放出来，进而推动延迟退休政策实施。

5. 提高国民生活质量，延长职工经济寿命

2015 年 11 月，党的十八届五中全会提出推进健康中国建设的目标，"十三五"规划进一步从八个方面提出推进健康中国建设的具体要求，提高全民的健康水平、改善国民生活质量已成为国家意志，并被提上议事日程。这对于延迟退休政策的实施是十分重要的政策利好，因为在我们的调研中，高达 76.3% 的调查对象表示由于身体健康因素反对延迟退休，可以预测，健康中国工程的实施必将促进全民健康水平提升，从而为延迟退休政策的实施扫除一大障碍。此外，在健康中国工程提高国民健康水平和生活质量的同时，随着医疗技术水平的提高和医疗服务的普及，其也将大幅提高国人的平均寿命，而自然寿命的提升意味着个人经济寿命得以延长，这样的话，

个人主观最优退休年龄也会升高，这也印证了前述研究得出的寿命延长将提升个人主观最优退休年龄的结论。

四　本章主要结论

本章的研究目标是设计一个符合中国基本国情的延迟退休方案，党的十八届三中全会已经确定中国延迟退休的方式是"渐进式"，而在确定"渐进式"具体路径之前，有两个问题是必须先解决的，即男女同龄或差龄退休及目标退休年龄的确定。

首先，关于男女同龄或差龄退休。根据实证模拟的结果，从养老金权益角度看，延迟退休年龄对于女性职工来说是有利的，但如果要实现男女同龄退休，则女性职工的退休年龄必然有较大幅度的提高，这在较大程度上损害了女性职工的休息权。因此，我们认为解决男女同龄或差龄退休问题，最重要的是给予企业和女性职工个人更多的自主选择权。

其次，关于目标退休年龄的确定，我们考虑两个条件：一是在个人主观最优退休年龄以内；二是对推迟基本养老保险制度破产边界的时间效应最大。在不同时期，只要法定退休年龄不超过职工个人主观最优退休年龄，就是可以接受的。我们通过构建个人效用函数，模拟测算出2030年、2040年和2050年职工个人主观最优退休年龄，尤其是2050年个人主观最优退休年龄达到76.5岁，与中国现行退休年龄相比，显而易见，中国法定退休年龄的调整还存在较大的可操作空间。

在上述问题解决后，我们给出了延迟退休改革的政策方案：一个渐进的、与工作年限相关联、与激励和惩罚机制相容的弹性退休年龄制度。其中，渐进路径分为两个阶段：第一阶段为2021～2030年，这一阶段除了进行退休年龄政策调整的相关配套改革外，还要打破现行法定退休年龄对女性职工身份差异的设置，每年延长6个月，至 2030 年将女工人和女干部的退休年龄统一为 55 岁；第二阶段为 2031～2050 年，这一阶段男性职工退休年龄从 2031 年起每年延长 3 个月，女性职工每年延长 6 个月，到 2050 年统一延迟到 65 岁。当然，对于每一个法定退休年龄，我们都辅以弹性的机制设计，以保证方案的灵活性，其中包括"工作一定年限允许退休"的做法。

参考文献

一　中文文献

[1] 杜午禄：《人口老龄化与退休低龄化剖析》，《人口研究》2003年第2期。

[2] 金刚：《中国退休年龄的现状、问题及实施延迟退休的必要性分析》，《社会保障研究》2010年第2期。

[3] 杨珺、赵永生：《违规提前退休对基本养老保险制度的影响》，《经济与管理》2009年第5期。

[4] 汪泽英、曾湘泉：《中国社会养老保险收益激励与企业职工退休年龄分析》，《中国人民大学学报》2004年第6期。

[5] 阳义南：《基本养老保险制度激励提前退休的实证研究》，《财贸研究》2013年第3期。

[6] 廖少宏：《提前退休模式与行为及其影响因素——基于中国综合社会调查数据的分析》，《中国人口科学》2012年第3期。

[7] 李珍：《关于退休年龄的经济学思考》，《经济评论》1997年第1期。

[8] 丁娟：《论男女平等享有就业权与实施同年龄退休政策》，《人口研究》2004年第2期。

[9] 杜承铭、戴激涛：《论工作权的宪法保障——从男女退休不同

龄规定被提请违宪审查说起》，《广东社会科学》2009 年第 3 期。

[10] 杨宜勇、吴香雪：《女性延迟退休与家庭政策价值的再思考》，《价格理论与实践》2017 年第 1 期。

[11] 潘锦棠：《养老社会保险制度中的性别利益——兼评关于男女退休年龄的讨论》，《中国社会科学》2002 年第 2 期。

[12] 原新、万能：《缓解老龄化压力，推迟退休有效吗》，《人口研究》2006 年第 7 期。

[13] 黄阳涛：《企业职工延长退休年龄的意愿及影响因素研究——基于对南京市某经济开发区的调查》，《新金融》2013 年第 8 期。

[14] 李琴、彭浩然：《谁更愿意延迟退休——中国城镇中老年人延迟退休意愿的影响因素分析》，《公共管理学报》2015 年第 2 期。

[15] 廖楚晖、刘千亦：《事业单位职工延迟退休意愿及其影响因素的实证分析》，《大连理工大学学报》（社会科学版）2015 年第 2 期。

[16] 瞿婷婷、易沛：《延迟退休与中国社会养老保险制度：相容还是互斥》，《金融经济学研究》2015 年第 2 期。

[17] 于丽、郝倩倩：《儿童早期的伤疤是否长期存在——大饥荒对退休决策的影响研究》，《劳动经济研究》2017 年第 4 期。

[18] 马红玉、房国忠、徐铮：《人力资本投资周期视角的退休年龄延迟差异化研究》，《西北人口》2016 年第 1 期。

[19] 魏蒙、孙裴佩、姜向群：《我国应谨慎出台延迟退休政策》，《西北人口》2016 年第 3 期。

[20] 邓大松、刘昌平：《中国养老社会保险基金敏感性实证研究》，《经济科学》2001 年第 6 期。

[21] 康传坤：《提高缴费率还是推迟退休》，《统计研究》2012 年

第 12 期。

[22] 张琴、郭艳：《延迟退休对养老基金的后续影响：找寻可选方案》，《改革》2015 年第 7 期。

[23] 曾益、任超然、刘倩：《延长退休年龄有助于改善养老保险的偿付能力吗？——基于精算模型的模拟分析》，《经济管理》2013 年第 5 期。

[24] 袁磊：《延迟退休能解决养老保险资金缺口问题吗？——72 种假设下三种延迟方案的模拟》，《人口与经济》2014 年第 4 期。

[25] 熊婧、粟芳：《延迟退休对我国养老保险收支平衡的影响》，《上海金融》2017 年第 12 期。

[26] 张熠：《延迟退休年龄与养老保险收支余额：作用机制及政策效应》，《财经研究》2011 年第 7 期。

[27] 余立人：《延长退休年龄能提高社会养老保险基金的支付能力吗》，《南方经济》2012 年第 6 期。

[28] 范琦、冯经纶：《延迟退休对青年群体就业的挤出效应研究》，《上海经济研究》2015 年第 8 期。

[29] 刘阳、彭雪梅、王东明：《延迟退休对青年就业的影响——基于挤出和产出效应的比较研究》，《保险研究》2017 年第 2 期。

[30] 邹铁钉：《延迟退休与养老保险制度并轨的财政及就业效应》，《经济评论》2017 年第 6 期。

[31] 刘妮娜、刘诚：《延迟退休对青年人就业的影响分析——基于我国 29 个省份、18 个行业的数据分析》，《中国青年社会科学》2015 年第 1 期。

[32] 戴卫东、李凯：《延长退休年龄挤占就业岗位吗？——基于安徽省芜湖市的调查》，《科学决策》2014 年第 6 期。

[33] 杨馥、郑丽：《延迟退休、家庭代际转移与青年就业》，《西安财经学院学报》2017 年第 2 期。

[34] 蔡昉、张车伟主编《中国人口与劳动问题报告 No. 16》，社会

科学文献出版社，2015。

［35］席恒、周明、翟绍果：《渐进式差异化退休年龄的决定机制、经验借鉴与政策建议》，《社会保障研究》2014 年第 2 期。

［36］苏春红、李齐云：《延迟退休年龄效应分析与中国渐进式推进策略研究》，《理论学刊》2014 年第 5 期。

［37］中国国际经济交流中心课题组、姜春力：《"先女后男，先自选，后强制，分步走"渐进延迟全额养老金领取年龄方案设计——渐进式延迟退休年龄政策研究之三》，《经济研究参考》2015 年第 4 期。

［38］郑春荣、刘慧倩：《我国弹性退休年龄制度设计——基于美国相关制度的实践》，《人口学刊》2011 年第 3 期。

［39］储丽琴：《我国推行弹性退休制度的可行性探究——基于上海的分析》，《学术交流》2011 年第 10 期。

［40］林熙：《发达国家弹性退休的机制分析与经验借鉴》，《经济社会体制比较》2013 年第 2 期。

［41］汪浩：《基于精算分析的弹性退休方案》，《财经问题研究》2016 年第 8 期。

［42］彭德琳：《新制度经济学》，湖北人民出版社，2002。

［43］〔古希腊〕亚里士多德：《政治学》，吴寿彭译，商务印书馆，1983。

［44］彭华民等：《西方社会福利理论前沿：论国家、社会、体制与政策》，中国社会出版社，2009。

［45］王洛忠、张艺君：《福利三角理论视角下延迟退休年龄政策选择分析》，《理论探讨》2016 年第 4 期。

［46］邓大松、仙蜜花：《延长退休年龄对基本养老保险统筹基金收支平衡的影响研究》，《江西财经大学学报》2015 年第 5 期。

［47］郝勇、周敏、郭丽娜：《适度的养老保险保障水平：基于弹性的养老金替代率的确定》，《数量经济技术经济研究》2010 年

第 8 期。

[48] 高如云：《代际核算——评价养老保险政策的新方法》，《外国经济与管理》2001 年第 2 期。

[49] 蒋云赟、任若恩：《中国代际核算体系的建立和对养老保险制度改革的研究》，载《变革中的稳健：保险、社会保障与经济可持续发展——北大 CCISSR 论坛论文集·2005》，2005。

[50] 郑功成主编《中国社会保障改革与发展战略（养老保险卷）》，人民出版社，2011。

[51] 刘琛：《打破悖论：延迟退休对就业的影响分析》，《社会保障研究》2015 年第 4 期。

[52] 刘伟、蔡志洲、郭以馨：《现阶段中国经济增长与就业的关系研究》，《经济科学》2015 年第 4 期。

[53] 王竹、陈鹏军：《延迟退休会挤占青年人就业吗？——基于 19 个行业的面板数据分析》，《经济体制改革》2019 年第 2 期。

[54] 戴卫东、顾梦洁：《德国退休年龄政策改革、讨论及启示》，《德国研究》2013 年第 2 期。

[55] 谭月：《日美延迟退休制度比较——兼论对我国延迟退休改革的启示》，《法制博览》2015 年第 16 期。

[56] 郭福栓：《我国提前退休政策状况分析及建议》，《财会研究》2009 年第 9 期。

[57] 陈鹏军：《基本养老保险制度与职工退休选择行为研究》，《社会主义研究》2015 年第 3 期。

[58] 杨俊、宋媛：《养老保险制度对提前退休影响的性别差异分析》，《浙江社会科学》2008 年第 7 期。

[59] 胡玉琴：《中国城镇企业职工基本养老保险账户的统计研究》，浙江工商大学出版社，2012。

[60] 陈鹏军、张寒：《我国延迟退休的职工意愿及影响因素分析——基于全国 28 个省级行政区的调查研究》，《经济体制改

革》2015 年第 6 期。

[61] 王竹、陈鹏军：《我国职工延迟退休意愿决定因素实证分析——基于全国 28 个省级行政区的调查数据》，《江苏大学学报》（社会科学版）2018 年第 6 期。

[62] 潘锦棠：《世界男女退休年龄现状分析》，《甘肃社会科学》2003 年第 1 期。

[63] 李实、宋锦、刘小川：《中国城镇职工性别工资差距的演变（英文）》，《中国社会科学》（英文版）2011 年第 3 期。

[64] 邓大松、王增文：《我国人口死亡率与最优退休年龄的动态变化关系》，《统计与决策》2008 年第 2 期。

[65] 张文学、任彦霏：《人口年龄结构变动下的最优退休年龄动态模型构建与应用——以陕西省为例》，《西北人口》2012 年第 1 期。

[66] 李含伟、汪泓：《基于个人幸福最大化的最优退休年龄分析与柔性退休制度仿真》，《上海经济研究》2013 年第 8 期。

[67] 钟洲、蔡东汉、陈忠斌：《给定生命表下具有最优退休年龄的生命周期模型》，《应用数学》2016 年第 3 期。

[68] 雷勇、蒲勇健：《基于给付确定制的最优退休年龄经济模型分析》，《工业技术经济》2004 年第 1 期。

二　英文文献

[1] Fields, Gary, Mitchell, Olivia, "Economic Determinants of the Optimal Retirement Age: An Empirical Investigation," *Journal of Human Resources* 19 (2), 1984, pp. 245 – 262.

[2] Eric Frech, "The Effects of Health, Wealth, and Wages on Labour Supply and Retirement Behavior," *Review of Economic Studies* 72 (2), 2005, pp. 395 – 427.

[3] Fred Hebein, "How Long Should an Individual at Full Retirement Age Delay Receiving Social Security Benefits?" *Journal of Applied Business Research* 28 (3), 2012, pp. 303 – 316.

[4] Vincenzo Galasso, "Postponing Retirement: The Political Effect of Aging," *Journal of Public Economics* 92 (10), 2008, pp. 2157 – 2169.

[5] H. J. Aaron, "Social Security: Getting the Facts Right," *Fiscal Times* (3), 2010.

[6] H. Fehr, M. Kallweit, F. Kindermann, "Pension Reform with Variable Retirement Age— A Simulation Analysis for Germany," *Journal of Pension Economics and Finance* 11 (3), 2012, pp. 389 – 417.

[7] Pendola, Charles J., "A Case for Raising the Normal Retirement Age," *CPA Journal* 81 (10), 2011, pp. 11 – 13.

[8] Stefan Staubli, Josef Zweimüller, "Does Raising the Retirement Age Increase Employment of Older Workers?" *University of Zurich Department of Economics Working Paper*, May 9, 2012.

[9] F. Khaskhoussi, "Job-Search Effort, Retirement Decision and Pension Reform: A Wage Bargaining Investigation," *Economics Bulletin* 29 (2), 2009, pp. 1255 – 1263.

[10] Joanna N. Lahey, "International Comparison of Age Discrimination Laws," *Research on Aging* 32 (6), 2010, pp. 679 – 697.

[11] Chulhee Lee, Jinkook Lee, "Employment Status, Quality of Matching, and Retirement in Korea: Evidence from Korean Longitudinal Study of Aging," *Working Papers* (1), 2011.

[12] D. S. Docking, R. Fortin, S. Michelson, "The Influence of Gender and Race on the Social Security Early Retirement Decision for Single Individuals," *Journal of Economics and Economic*

Education Research 13 （1）, 2012, pp. 87 – 119.

［13］ Alan J. Auerbach, Jagadeesh Gokhale, Laurence J. Kotlikoff,
" Generational Accounts: A Meaningful Alternative to Deficit
Accounting," *Tax Policy and The Economy* （5）, 1991, pp.
55 – 110.

图书在版编目（CIP）数据

中国延迟退休政策研究／陈鹏军著． －－ 北京：社
会科学文献出版社，2022.1
ISBN 978 - 7 - 5201 - 9468 - 6

Ⅰ.①中… Ⅱ.①陈… Ⅲ.①退休 - 劳动制度 - 制度
改革 - 研究 - 中国 Ⅳ.①F249.213.4

中国版本图书馆 CIP 数据核字（2021）第 263218 号

中国延迟退休政策研究

著 者／陈鹏军

出 版 人／王利民
组稿编辑／高 雁
责任编辑／冯咏梅
文稿编辑／王春梅
责任印制／王京美

出 版／社会科学文献出版社·经济与管理分社（010）59367226
地址：北京市北三环中路甲 29 号院华龙大厦 邮编：100029
网址：www.ssap.com.cn
发 行／社会科学文献出版社（010）59367028
印 装／三河市尚艺印装有限公司

规 格／开本：787mm×1092mm 1/16
印 张：16.25 字 数：219 千字
版 次／2022 年 1 月第 1 版 2022 年 1 月第 1 次印刷
书 号／ISBN 978 - 7 - 5201 - 9468 - 6
定 价／148.00 元

读者服务电话：4008918866